QU'EST-CE QUE LE CINÉMA ?

COMITÉ ÉDITORIAL

CHEMINS PHILOSOPHIQUES

Collection dirigée par Roger POUIVET

Éric **DUFOUR**

QU'EST-CE QUE LE CINÉMA ?

Paris

LIBRAIRIE PHILOSOPHIQUE J. VRIN

6, place de la Sorbonne, V^e

2009

© *Librairie Philosophique J. VRIN,* 2009
Imprimé en France
ISSN 1762-7184
ISBN 978-2-7116-2177-4

www.vrin.fr

QU'EST-CE QUE LE CINÉMA ?

Seules les surprises de l'avenir autorisent l'espoir
que nous soyons, sinon les successeurs d'André Bazin,
du moins ses disciples point trop indignes.
E. Rohmer, *Les Cahiers du cinéma*, n° 91, janvier 1959

Que signifie le mot « cinéma » ? On dit « cinéma », mais le mot recouvre aujourd'hui un tout autre concept que celui qui lui était lié il y a encore peu de temps. Car on pense en vérité « produit audiovisuel », dans la mesure où les paramètres de production de l'objet (le type de caméra utilisé et l'équipe technique du film traditionnel : voir *Inland Empire*, D. Lynch, 2008) et ceux de son exploitation (diffusion directe en vidéo ou bien sur internet) sont en train de changer.

Le terme « cinéma » désigne donc un type de conception et de distribution de l'audiovisuel, genre qui renferme de nombreuses espèces : on songe d'abord au film de fiction, mais il y a aussi, outre les dessins animés ou les vidéo-clips, toutes les productions « qui ont pour but d'informer, de témoigner, d'instruire, d'influencer, d'inventer des formes, de mettre en scène un spectacle ou une performance »[1].

1. P. Beylot, *Le Récit audiovisuel*, Paris, A. Colin, 2005, p. 3.

Nous entendrons ici « cinéma » au sens du film de fiction, conformément d'ailleurs à la signification populaire du mot (« ce n'est pas du cinéma », « arrête ton cinéma ») qui est aussi la signification historiquement première (Georges Méliès contre les frères Lumière, lesquels, on le sait, ne croyaient pas à l'avenir de leur découverte).

Si tant est qu'on convienne que le film, c'est d'abord et avant tout le film de fiction, la question « qu'est-ce que le cinéma ? » revient à se demander « qu'est-ce qu'un film ? ». (On fait ici d'autant plus abstraction de la dimension socio-logique du cinéma, c'est-à-dire de la séance de cinéma enten-due comme sortie et comme lien social, que non seulement cette dimension reste secondaire et inessentielle dans notre approche, mais que, surtout, le film peut être découvert dans d'autres lieux que la salle de cinéma.)

On proposera, afin de l'examiner, la définition suivante : un film, c'est une histoire mise en image, donc un récit qui, au lieu de s'effectuer dans un discours c'est-à-dire dans les termes du langage ordinaire, passe par ce moyen que sont les images – c'est en somme un récit qui procède par enchaî-nement d'images. Mais ce qui vient d'être dit suscite deux remarques.

CINÉMA ET IMAGE

Première remarque. Le film étant une espèce de produit audiovisuel, il semble, logiquement, que la dimension audio est aussi importante que la dimension visuelle : une scène, dans un film, est perçue comme un tout dont les éléments qui relèvent de la mise en scène (jeu des acteurs, décor, lumière, etc.), de la forme filmique (cadrage, montage) et de la bande-son (dialogues, bruits, musique) sont indissociables[1]. Cela posé, il peut y avoir des films sans son (le cinéma muet), mais il ne peut pas y avoir de film sans images – *India Song* (M. Duras, 1974), par exemple, fut d'abord une *fiction radiophonique* avant d'être un *film* : et même si, dans *L'Homme atlantique* (M. Duras, 1981), on voit pendant plus de la moitié du film un écran noir, c'est quand même une image. Voilà pourquoi il nous semble que, d'une part, parler du cinéma comme un « art sonore » n'a qu'une valeur métaphorique et que, d'autre part, le son, au cinéma, est subordonné à l'image. Il ne suffit pas de dire que c'est le rapport à l'image qui donne au son sa signification, puisque c'est aussi inversement le rapport au son qui confère à l'image sa signification – qu'on songe à *La Jetée* (C. Marker, 1963), si « pauvre » en image, ou à l'analyse par Bordwell et Thompson d'*Un condamné à mort s'est échappé* (R. Bresson, 1956)[2] –, mais il faut insister sur ce point : la dimension audio, au cinéma, n'existe que *relativement* à la dimension visuelle, laquelle a une supériorité fondée sur l'autonomie qu'elle possède de droit.

En ce sens, on dira que l'expression proprement cinémato-graphique est celle qui passe par l'image. François Truffaut, dans les textes qui ont contribué à faire reconnaître Alfred Hitchcock comme un véritable *auteur* (particulièrement le n° 39 des *Cahiers du cinéma* consacré à ce cinéaste en 1954), souligne la différence entre un *film* et le « *théâtre filmé* »,

---

1. « On a longtemps cru que le cinéma était d'abord un moyen d'expression visuel, où le son était au mieux un complément, au pire une distraction », D. Bordwell et K. Thompson, *L'Art du film. Une introduction*, trad. fr. C. Beghin, 2000, p. 428.

2. D. Bordwell et K. Thompson, *L'art du film. Une introduction*, *op. cit.*, p. 417-422.

expression péjorative qu'on trouve également dans les articles
d'André Bazin pour désigner un certain type de cinéma français
contemporain, esthétiquement et économiquement dominant,
qui ne sait pas utiliser les moyens proprement cinématographiques et dont les grands représentants sont, pour tous deux,
les scénaristes et dialoguistes Jean Aurenche et Pierre Bost [1].

Alors que, dans un film, l'information est communiquée
par l'image, dans le « théâtre filmé » c'est par le dialogue que
l'information est donnée, de sorte que l'image ne sert explicitement à rien [2]. Si, dans le théâtre filmé, le réalisateur aurait
pu cadrer et monter autrement sans que rien ne soit changé,
parce que l'image n'a ici qu'une fonction secondaire et absolument accessoire, à savoir illustrer le dialogue (c'est un cinéma
qui repose d'abord sur des bons mots, donc un cinéma de
dialoguiste et pas de *cinéaste* : de là la référence à Aurenche et
Bost), chez Hitchcock ce n'est jamais par hasard si la caméra
est posée ici plutôt que là, si tel objectif est choisi au lieu de tel
autre, et si un plan a telle ou telle durée. On dira donc, comme
l'écrit Truffaut, que si Hitchcock est un cinéaste véritable (et
non pas un simple technicien), c'est parce qu'il est capable
« de tout exprimer visuellement » [3] : ainsi la scène des *39
marches* (1935) où, lorsque Robert Donat traqué par la police
trouve refuge dans une ferme, Hitchcock *montre* – sans que
rien ne soit jamais dit –, au cours du repas, la fermière qui
prend conscience que le héros est recherché et qui décide de
l'aider, le lui faisant comprendre (toujours sans rien dire),
pendant que le fermier, jaloux, croit qu'une histoire d'amour

1. Voir, en ce qui concerne A. Bazin, *Qu'est-ce que le cinéma ?*, Paris, Le
Cerf, 1981, p. 108, 123-124.

2. Pour cette raison, des théoriciens tel R. Arnheim ont considéré que
l'avènement du cinéma sonore était la mort du cinéma.

3. *Hitchcock/Truffaut*, Paris, Ramsay, 1983, p. 12.

est en train de se nouer. Le propre d'un film, c'est, par opposition au théâtre filmé, de « pouvoir filmer et nous rendre perceptibles les pensées d'un ou de plusieurs personnages sans le secours du dialogue »[1]. Qu'on songe aux multiples manières dont le cinéma montre comment une idée surgit dans la tête de quelqu'un – du marché des timbres à la fin de *Charade* (S. Donen, 1963) aux films de Clouzot, dont c'est un *leitmotiv* : c'est Suzy Delair qui comprend que l'assassin est trois dans *L'Assassin habite au 21* (1942), Brigitte Bardot qui prend conscience qu'elle aime toujours le musicien et qui décide de retourner le voir dans *La Vérité* (1960), etc.

On saisit quelle est la spécificité de ce qu'on appelle un *cinéaste* c'est-à-dire le lieu où il faut chercher son style. Lorsque Mikaël Romm et Eisenstein pensent adapter *Boule de suif* au cinéma, Eisenstein demande à Romm comment il envisage la mise en scène de sa partie – c'est-à-dire comment il perçoit le scénario, la première image par exemple[2]. Mais on voit aussi quelles sont les conditions de possibilité d'un discours légitime sur le cinéma. Si, « pour la grande masse des spectateurs, ce qui est *visible* au cinéma est effectivement la diégèse, le "monde vécu" du film »[3], c'est-à-dire le contenu, l'œil esthétique consiste à devenir attentif à la forme ou, plus exactement, à la manière dont le contenu se manifeste dans une certaine forme. Parler seulement du contenu c'est-à-dire de l'histoire quand on parle d'un film est aussi peu recevable, du point de vue esthétique, que croire qu'on parle d'un opéra alors qu'on tient seulement des considérations sur le livret[4].

1. *Hitchcock/Truffaut*, p. 12.
2. G. Deleuze, *L'Image-mouvement. Cinéma 1*, Paris, Minuit, 1983, p. 244.
3. N. Burch, *Une praxis du cinéma* (1967), Paris, Gallimard, 1986, p. 15.
4. D. Bordwell et K. Thompson ont une excellente méthode pour faire surgir cette spécificité de la *forme* cinématographique, analogue à la technique

On ne croira pas pour autant que, de droit, la part des dialogues est nécessairement réduite dans un film utilisant les moyens du langage cinématographique. De même que tous les films muets n'illustrent pas la thèse défendue ici (alors que le cinéma muet, par définition, condamnait les réalisateurs à se servir des pouvoirs expressifs de l'image cinématographique), des films qui en revanche l'exemplifient sont très bavards (qu'on songe à Lubitsch, Capra ou Cukor). C'est que, comme le souligne Jean Mitry, la question n'est nullement celle de la quantité de dialogue, mais elle est celle du rapport entre le dialogue et l'image : si tel film est moins un film que du « théâtre filmé » – Mitry reprenant lui aussi l'expression –, c'est parce que l'image y est subordonnée au dialogue, c'est-à-dire que l'enchaînement des plans relève moins d'une structure de l'image elle-même que de celle des dialogues dans lesquels le film trouve sa loi d'organisation. Dans le théâtre filmé, « l'enchaînement logique, dramatique, psychologique, etc. est axé sur la continuité verbale » [1].

Il en va dans le « mauvais » film comme dans les films qui relèvent de « l'âge d'or du théâtre filmé » : ainsi que l'écrit Noël Burch dans *Praxis du cinéma*, « coupez le son et le film devient totalement incompréhensible » – ou bien (mais c'est la

husserlienne de la variation imaginaire : il faut « supposer que le réalisateur ait fait un choix technique différent et chercher à savoir si cela aurait changé les effets du moment considéré » (*L'Art du film. Une introduction, op. cit.*, p. 438). Il est remarquable que les auteurs ne proposent pas un instant une telle variation imaginaire pour le son.

1. J. Mitry, *La Sémiologie en question*, Paris, Le Cerf, 1987, p. 168. Rappelons que Mitry est en outre l'auteur d'une monumentale *Histoire du cinéma* en 5 volumes qui couvre la période s'étendant de la naissance du cinématographe jusqu'à 1950 (Paris, Éditions Universitaires, 1968-1980).

même chose) : « supprimez l'image et le film reste à peu près compréhensible » [1].

Dans le film, l'image est le lieu d'articulation : elle est ce qui renferme la clé du passage d'une image à l'autre.

Ce n'est pas que le son, en général, soit quantité négligeable et que son seul sens serait de souligner l'image (qu'on songe à l'utilisation de la musique de cinéma, entendue précisément comme *musique à effet*, dans les moments cruciaux : la phrase sirupeuse dans la scène d'amour, l'avertissement au moment où le danger guette…). Non seulement le rapport entre image et son, entre musique et dialogue [2], peut être un rapport d'intensification et d'enrichissement (ce qui n'est proprement pas réductible à un soulignement [3]) ou bien de contradiction et d'opposition (par exemple le bavardage des personnages, autant dans les films d'Hitchcock ou de Tarkovski, au moment où l'image, elle, montre les enjeux véritables c'est-à-dire ce qui est effectivement essentiel), mais, surtout, comme le déclare Mitry, l'union de l'image et du son produit un sens qui n'appartient proprement à aucun des deux mais résulte précisément de leur alliance – que serait la scène de la douche, dans *Psychose* (A. Hitchcock, 1960), sans le son répété des violons dans le suraigu, c'est-à-dire que serait Hitchcock sans Herrmann ?

1. N. Burch, *Une praxis du cinéma*, *op. cit.*, p. 116.

2. D. Lynch distingue trois niveaux du son (entretien paru dans *Les Inrockuptibles* du 5 février 2007) : le son correspondant à ce qu'on voit (la porte qui claque, les bruits de pas et les dialogues), les sons correspondant à ce qu'on ne voit pas (par quoi l'image s'insère dans un horizon beaucoup plus vaste, un monde : ainsi tous les bruits d'usine au début d'*Eraserhead*, 1977), et enfin la musique (extradiégétique).

3. Voir A. Bazin, *Qu'est-ce que le cinéma ?*, *op. cit.*, p. 123 : dans le *Journal d'un curé de campagne* (1951), et bien que Bresson ne gomme pas la provenance du film *i.e.* le livre dont des passages sont lus en voix-off, le son ne double pas l'image c'est-à-dire ne la souligne pas, mais il l'intensifie.

C'est relativement à ce qui vient d'être développé qu'on peut saisir que et en quel sens le cinéma est une forme de pensée. Car la pensée n'est pas l'apanage du philosophe. Si celui-ci, nous dit Nietzsche, pense par concepts, le poète épique, par exemple, pense «en événements visibles et sensibles»[1], ou bien le musicien pense «avec des sons»[2] – Deleuze ajoutera dans *L'Image-mouvement* que le cinéaste, lui, pense par images[3].

Mais qu'est-ce qu'une pensée qui procède par images? Donnons deux exemples.

Le premier, très classique, se trouve dans l'œuvre d'Eisenstein. On sait que, pour celui-ci, le cinéma est un moyen d'édification : un moyen de prendre conscience de sa situation sociale et de la question politique, donc un moyen de connaissance. Eisenstein a montré que la façon dont, dans un film, les événements sont présentés, isolés, mis en rapport et ensuite développés, véhicule beaucoup plus de présupposés qu'on ne croit. Il a montré que la manière dont Griffith et plus largement le cinéma américain conduit son récit cinématographique implique une certaine conception politique. Ce n'est donc pas le contenu, mais la simple forme et très exactement la manière dont Griffith utilise le montage alterné qui, «non seulement dans sa conception, mais dans sa pratique, renvoie à la société bourgeoise telle qu'elle se pense et se pratique elle-même»[4], parce qu'on part de différences posées

1. F. Nietzsche, *Fragments posthumes*, Été 1875, 11 [18].

2. F. Nietzsche, *Richard Wagner à Bayreuth*, trad. fr. P. David, Paris, Gallimard, 1988, p. 141.

3. G. Deleuze, *L'Image-mouvement*, *op. cit.*, p. 7-8.

4. *Ibid.*, p. 51. Voir aussi p. 207 : ce que Eisenstein critique dans le cinéma américain, c'est que «non seulement les civilisations sont considérées comme parallèles, mais les phénomènes principaux d'une civilisation, par exemple les

comme données (les riches et les pauvres, les blancs et les noirs, etc.) sans montrer qu'elles résultent de l'exploitation sociale, et qu'on réduit la question de la lutte des classes à des conflits interindividuels et donc à des questions extrapolitiques (rivalités amoureuses et plus largement intrigues de toute sorte).

Le deuxième exemple est le suivant. Deleuze, dans *L'Image-temps*, reprend explicitement les analyses descriptives effectuées par Didier Goldschmidt à propos de Welles[1]. Si celui-ci alterne des scènes en un plan séquence et des scènes au contraire fortement découpées, il y a toutefois quelque chose de commun qui unifie ces deux techniques non seulement différentes mais même opposées (l'unité contre la fragmentation). Welles produit dans les deux cas un même décentrement, car dans un cas « les plans courts ne cessent de basculer, à droite, à gauche », et dans l'autre « le plan-séquence suscite un fouillis de centres évanescents »[2]. Il ne suffit toutefois pas de faire un tel constat, et il reste encore à déterminer le *sens* de tels procédés. Ce n'est pas par hasard si Welles filme ainsi, car cette manière de faire, qui n'est pas interchangeable mais constitue un *style* proprement singulier, déploie au moyen de l'agencement des images une certaine conception du monde, un certaine conception de l'homme et

---

riches *et* les pauvres, sont traités comme "deux phénomènes parallèles indépendants", comme de purs effets qu'on constate […]. Dès lors, il est inévitable que les causes soient rejetées d'un autre côté, et n'apparaissent que sous la forme de duels individuels […]. La force d'Eisenstein est donc de montrer que les principaux *aspects techniques* du montage américain depuis Griffith, le montage alterné parallèle qui compose la situation, et le montage alterné concourant qui aboutit au duel, renvoient à cette conception historique sociale bourgeoise ».

1. G. Deleuze, *L'Image-temps. Cinéma 2*, Paris, Minuit, 1985, p. 186.
2. *Ibid.*

des rapports interindividuels : un monde nietzschéen où il n'y a plus de centre, mais des rapports de force instables et changeants qui laissent apparaître des centres précaires voués à la dissolution – voir le rapport Quinlan-Vargas dans l'interrogatoire de *La Soif du mal* (1958)[1].

On dira, plus largement, que l'œuvre de tout cinéaste manifeste des constantes à la fois thématiques (par exemple le thème du faux coupable chez Hitchcock, et celui du démiurge et aussi du faussaire chez Welles, etc.), et des constantes stylistiques c'est-à-dire formelles qui vont d'une certaine manière d'organiser le plan, du choix des objectifs, des couleurs et de la lumière, d'un certain type d'acteurs, à une certaine manière de structurer les rapports entre les images, donc de monter le film et de le faire respirer : ce n'est pas seulement une certaine image du monde qui apparaît chez un cinéaste, mais aussi une certaine conception du temps.

Mais, déjà, affirmer que le cinéma est l'expression de la pensée d'un cinéaste, et donc d'un *auteur*, voilà qui implique que le cinéma ne soit pas qu'une industrie, même s'il l'est aussi, comme l'écrivait Malraux dans une fameuse phrase qui a fait couler beaucoup d'encre (« Par ailleurs, le cinéma est une industrie »[2]). À ce titre, il a des conséquences incomparables à celles des autres arts. Qu'on songe à l'échec commercial de *La Porte du paradis* (M. Cimino, 1980), qui ruina United Artists, ou aux carrières brisées comme celles d'Erich von Stroheim.

---

1. Deleuze fait aussi apparaître des rapprochements entre le monde d'Ozu et celui de Leibniz (*L'Image-mouvement, op. cit.*, p. 24-25), ou bien entre celui de Dreyer, Bresson, Rohmer et le choix kierkegaardien (« un cinéma des modes d'existences », *L'Image-temps, op. cit.*, p. 231).

2. A. Malraux, *Esquisse d'une psychologie du cinéma*, Paris, Nouveau Monde, 2003.

S'il n'est pas évident pour un cinéaste d'exister comme tel, on ne peut pas empêcher un musicien de composer même s'il n'est pas joué (Berlioz et *Les Troyens*), et on ne peut pas empêcher un écrivain d'écrire même s'il a du mal à être publié (Proust et *À la recherche du temps perdu*).

Étant donné que l'art cinématographique est donc « par ailleurs » une industrie qui met en jeu une pluralité d'intérêts, de compétences et de talents, on soulignera que l'assimilation du cinéaste à un *auteur* ne va pas de soi. Rappelons que la « politique des auteurs » surgit à partir de 1954 c'est-à-dire du fameux numéro 39 des *Cahiers du cinéma* qui reconnaît à certains réalisateurs américains, alors considérés comme de simples techniciens à la solde d'un studio, l'étiquette d'*auteur* réservée jusqu'ici aux cinéastes européens tel Rossellini (les seuls réalisateurs du cinéma américain auxquels on reconnaissait l'appellation d'*auteur* étaient ceux qui avaient été broyés par le système : von Stroheim, Chaplin, Welles).

Cela posé, la critique découvre à la fin des années 70, relativement au cinéma américain classique, la pertinence d'un « style de studio » propre à chaque société de production (Metro-Goldwyn-Mayer, Paramount, Warner Bros, etc.) : « l'idée prenait corps qu'une entité productrice pouvait elle aussi générer une certaine esthétique, produit collectif du travail d'artistes et artisans œuvrant sous la direction de chefs de production et de producteurs dont le rôle et la hiérarchie complexe avaient été souvent mal compris. Le "studio comme auteur" devenait sinon une évidence, du moins une hypothèse de travail raisonnable »[1].

---

1. J.P. Coursodon, *La Warner Bros*, Paris, Centre Georges Pompidou, 1991, p. 74. Nous nous bornerons ici à remarquer que le concept de « style de studio » est inséparable de celui de « genre », les genres constituant l'« ossature

Que le cinéma, *primo*, soit une industrie avant d'être un art (c'est en ce sens que l'histoire du cinéma est, comme dit Deleuze, l'histoire d'un « long martyrologue »[1] de projets sans cesse contrariés ou bien empêchés : les rapports de Welles à l'industrie sont sur ce point édifiants), et que, *secondo*, le film soit une œuvre collective (un « chef d'œuvre » doit tout autant son statut au scénariste, au dialoguiste, au musicien, qu'à l'opérateur ou encore au producteur), voilà qui n'empêche nullement de reconnaître le réalisateur à titre d'*auteur*. Non seulement c'est le réalisateur qui unifie les talents divers, mais c'est aussi lui, qui, à ce titre, détermine les orientations et les buts, et rend sensible un scénario abstrait – comme le dit Billy Wilder à Volker Schlöndorff, ce n'est pas le scénariste qui choisit la place de la caméra, le moment d'une réplique et la durée d'un plan. C'est le réalisateur qui, du moins s'il n'est pas un tâcheron (pour reprendre un terme qui ne cesse de revenir dans les histoires du cinéma), marque le film de sa patte et lui donne son empreinte[2].

---

du système » du cinéma américain classique, comme l'écrivent J.P. Coursodon et B. Tavernier dans *50 ans de cinéma américain* (Paris, Nathan, 1995, p. XXI), ouvrage dans lequel on trouve, outre une caractérisation des grands réalisateurs du cinéma américain (pour autant qu'on trouve dans les films qu'ils ont réalisés cette double unité dont il a été question plus haut, à la fois *thématique* et *formelle*, qui permet de les qualifier ainsi), une typologie de l'esthétique des grands studios ainsi qu'un dictionnaire des scénaristes.

1. G. Deleuze, *L'Image-mouvement*, *op. cit.*, p. 8.

2. Voir ce que dit J.P. Coursodon sur M. Curtiz, *La Warner Bros*, *op. cit.*, p. 77 : « [...] l'attention prêtée par Curtiz à une multitude d'aspects visuels – jugés superflus par ses supérieurs qui semblent se faire de la mise en scène une idée strictement fonctionnelle – est précisément ce qui distingue un réalisateur créatif d'un tâcheron ».

CINÉMA ET LANGAGE

Deuxième remarque. Si le film est comparable à un récit, c'est qu'il est comparable à un langage, dans la mesure où le récit est d'abord langagier, de sorte qu'il ne peut être pensé comme récit cinématographique c'est-à-dire récit en images qu'à l'aune de concepts qui ont été forgés pour penser le récit langagier.

Mais en quel sens le cinéma est-il un langage ? Cette question est au cœur de la sémiologie du cinéma, qui naît à la fin des années 60 avec Christian Metz, et elle est strictement contemporaine de l'émergence d'une sémiologie ou plus exactement d'une sémantique de la musique fondée par Jean-Jacques Nattiez [1].

Metz souligne que le cinéma est un langage sans langue, puisqu'on ne peut nullement y trouver la double articulation qui caractérise toute langue. C'est un langage, puisque, dans notre société qui a élaboré «une véritable taxinomie des langages», avec «le "langage musical", le "langage pictural", etc.» [2], «il existe [...] depuis l'année 1895 un certain type de séquences de signaux, appelées "films", que l'usager social [...] considère comme ayant un sens» et qu'il peut «déchiffrer spontanément» [3]. Cela posé, le cinéma est un langage sans grammaire [4]. Certes, Metz souligne à la fin de son article sur la grande syntagmatique qu'il ne fait qu'«examiner le statut de la "grammaire

---

1. Sur la sémantique de la musique de J.-J. Nattiez, voir notre *Qu'est-ce que la musique ?*, Paris, Vrin, 2005, p. 43-80.

2. C. Metz, «L'étude sémiologique du langage cinématographique : à quelle distance en sommes-nous d'une possibilité réelle de formalisation ?», n.s. intitulé «Le cinéma : théorie, lectures» (1973), D. Noguez (dir.), p. 129-143.

3. *Ibid.*, p. 111.

4. *Ibid.*, p. 113 («absence de tout critère de grammaticalité»).

cinématographique" et son contenu »[1]. Mais il faut toutefois différencier le code (*i.e.* la grammaire) et le sous-code. Car si celui-là est introuvable, celui-ci peut être déterminé, à titre d'actualisation nécessairement particulière du code universel à une époque particulière dans un certain type spécifique de cinéma.

Développons cette dualité. *D'un côté*, on peut tenir des propos généraux sur les codes auxquels obéit la compréhension du langage cinématographique, mais ces propos sont seulement négatifs[2]. Pour le dire autrement : la grammaire, ce sont les codes, mais les codes du langage cinématographiques ne peuvent être énoncés que sous forme de problèmes (« Comment cadrer ? Comment organiser une séquence d'images ? Comment raccorder les images en mouvement ? »[3]). *D'un autre côté*, il y a les sous-codes qui sont les réponses différentes que telle période déterminée de l'histoire du cinéma apporte comme solution à ces problèmes (« exemple : innombrables sont les réponses qui ont été apportées aux problèmes du montage : cinéma du montage invisible, du montage affiché, du "montage-collage", du plan-séquence, etc. »[4]).

1. C. Metz, *Essais sur la signification au cinéma*, vol. 1, Paris, Klincksieck, 1968, p. 121.
2. *Ibid.*, p. 51 : « à certains niveaux de l'analyse (et à certains moments de discussions), il est bien vrai que tous les codes cinématographiques peuvent être considérés en bloc ; diverses propositions sont concevables qui s'appliquent uniformément à eux tous : ainsi lorsqu'on constate que le langage cinématographique ressemble plus au discours qu'à la langue, qu'il *n*'a en propre que des unités d'assez grande dimension, qu'il *n*'a rien qui corresponde au mot, etc. (en fait l'ensemble de ce qu'on peut dire concernant indistinctement tous les codes cinématographiques constitue un assez vaste domaine) » (nous soulignons).
3. R. Odin, « Christian Metz et la linguistique », *C. Metz et la théorie du cinéma*, Paris, Klincksieck, 1990, p. 96.
4. *Ibid.*

De là la « grande syntagmatique », ainsi définie par R. Odin : « cette taxinomie est en même temps un modèle d'intelligibilité visant à rendre compte de la façon dont le spectateur "comprend" le montage filmique (considéré comme "construction d'une intelligibilité au moyen des rapprochements divers") et un "modèle partiel" conçu pour fonctionner pour une classe de films (les films de fiction) à un moment historiquement déterminé de l'histoire du cinéma (les années 1930-1955 environ) comme un sous-code » [1].

On comprend ce que veut faire Metz et, plus largement, quel est le but de la sémiologie du cinéma qu'il a initiée. Il s'agit de faire surgir des constantes et plus précisément des universaux dans la relation du signifiant et du signifié, c'est-à-dire des universaux dans le rapport entre certains types d'images ou d'enchaînements d'images (indépendamment même du contenu de ces images, de sorte que celles-ci sont considérées d'une manière totalement formelle) et le sens qu'ils possèdent.

Une première critique consiste à remarquer que, en procédant ainsi, même si on prend des précautions en soulignant que la sémiologie ne se confond pas avec la linguistique, on n'en plaque pas moins sur le cinéma, afin de le rendre intelligible, des outils ou instruments conceptuels forgés pour rendre intelligible un autre objet (*i.e.* le langage) et qui, du coup, risquent de déformer ou de dénaturer l'objet auquel on les applique désormais d'une manière artificielle (car le visuel n'est pas le verbal : comme l'écrit Mitry, le film est un système à dominante iconique [2]).

---

1. R. Odin, « Christian Metz et la linguistique », *op. cit.*, p. 96.
2. J. Mitry, *La Sémiologie en question*, *op. cit.*, p. 30.

La seconde critique revient à souligner qu'il n'y a pas d'invariants entre signifiants et signifiés tels ceux que la sémiologie prétend trouver. Mitry montre, par exemple, que la surimpression ne signifie pas toujours un fantôme, contrairement à ce que prétend Dominique Noguès[1], et il écrit : « deux actions montées, par exemple, en alternance, ne sont pas comparées ou simultanées par le seul fait de cette alternance, c'est-à-dire d'un syntagme dont la structure indiquerait par elle-même la comparaison ou la simultanéité à la façon d'une phrase dont l'organisation grammaticale indique le sens *a priori*. La nature d'un syntagme, qui n'est définissable qu'*a posteriori*, dépend de la nature et du sens des événements qui le constituent »[2].

Bref, s'il est incontestable que le récit cinématographique obéit à des codes et à des sous-codes, même ces sous-codes ne sont nullement repérables, déterminables, dans la mesure où ils dépendant moins de caractéristiques formelles propres aux images et à leur enchaînement que de *ce qui est montré ou représenté*[3]. Mitry ne cesse d'insister sur la différence entre le langage ordinaire et le langage cinématographique. C'est que l'image, à la différence du mot, « signifie au moyen de ce qu'elle montre, [de sorte qu']elle ne saurait être comme le mot transparente au signifié : elle y renvoie »[4]. C'est la dimension iconique du « langage cinématographique », liée au fait que le cinéma passe, non pas par un médium qui, tel celui de notre langage ordinaire, serait extérieur au monde qu'il dénote et transparent, mais au contraire par ce monde même[5].

1. J. Mitry, *La Sémiologie en question*, *op. cit.*, p. 154.
2. *Ibid.*
3. *Ibid.*, p. 153.
4. *Ibid.*, p. 125.
5. C. Metz, dans son compte-rendu du livre de Mitry (*Esthétique et psychologie du cinéma*), souligne le point suivant : alors que cette caractéristique est ce

Du coup, non seulement la forme de l'image ne saurait être isolée du contenu par rapport auquel seulement elle devient signifiante (ce n'est pas seulement un gros plan, c'est un gros plan de lorgnon), mais elle devient toujours signifiante d'une manière contextuelle (c'est le film dans sa totalité, *Le Cuirassé Potemkine* [S.M. Eisenstein, 1925], qui donne son sens à l'image du lorgnon[1]).

Si Mitry souligne qu'il est le premier à avoir soutenu que le cinéma est un langage[2], au sens où, dès *Esthétique et psychologie du cinéma*, il montrait que le langage filmique se développe à la manière d'un discours, il s'agit d'un langage sans aucun invariant d'ordre lexical ou syntaxique, car chaque film invente non seulement son lexique qu'il fait varier (l'image du gobelet de thé dans *Les Nuits de Saint Petersbourg* signifie successivement « l'absence d'un homme, sa présence dans le voisinage, sa mise en garde et son sauvetage »[3]), mais aussi sa propre syntaxe relative à ce qu'il montre – bref, il

qui fait dire à D. Dreyfus que le cinéma n'est pas un langage – puisqu'il ne passe pas par « des objets qui ne sont rien d'autre que des signes, des êtres qui s'abolissent comme êtres dès lors qu'ils deviennent signes », mais par « des images qui ne se laissent jamais oublier comme images » (*Essais sur la signification au cinéma*, vol. 2, Paris, Klincksieck, 1972, p. 82) –, Mitry « tire de ces mêmes raisons que le cinéma est un langage infiniment différent du langage phonique, mais qu'il est tout de même un langage puisqu'il a en commun avec le langage verbal l'unique et fondamentale propriété de communiquer un sens » (*ibid.*).

1. J. Mitry, *La Sémiologie en question, op. cit.*, p. 125, 206.

2. On rappellera toutefois que l'expression de « langage cinématographique » apparaît « sous la plume des tout premiers théoriciens du cinéma, Ricciotto Canudo et Louis Delluc, chez les formalistes russes également dans leurs écrits sur le cinéma » (*Esthétique du cinéma*, Paris, Nathan, 1983, p. 112). Mitry, par une telle affirmation, veut simplement dire qu'il est le premier à en avoir développé les conséquences et les présupposés. Il est donc le premier, en ce sens, à donner un statut conceptuel à la métaphore.

3. J. Mitry, *La Sémiologie en question, op. cit.*, p. 113.

s'agit d'un langage sans codes ni sous-codes [1]. Comment peut-il en être autrement lorsqu'on a affaire à un langage où « les symboles figés et conventionnels » du langage ordinaire y sont « remplacés par des valeurs symboliques fugitives » qui dépendent non seulement « des événements représentés » mais aussi du « contexte visuel au milieu duquel on les situe » [2] ?

Nous sommes partis d'une définition du film de fiction comme récit. Mais n'est-ce pas une définition fausse parce qu'incomplète ? Définir le film comme récit, c'est en effet présupposer que le cinéma est par essence ou par définition narratif – ce qui n'est toutefois le cas que d'une partie du cinéma qui, si elle est dominante et concerne la majorité des films (ce qu'on appelle le « cinéma commercial »), laisse en dehors d'elle tout un cinéma qui, s'il est minoritaire, n'en existe pas moins dans son caractère insuppressible.

À vrai dire, il n'y a pas de films qui seraient absolument non narratifs. Que le cinéma soit représentatif ou figuratif implique sa narrativité. « De ce point de vue, un film comme *India Song* n'est ni plus ni moins un récit que *La Chevauchée fantastique* (J. Ford, 1939). Ces deux récits ne relatent pas le même type d'événement, ils ne le "racontent" pas de la même façon : il n'en demeure pas moins que ce sont tous deux des récits » [3].

Voilà précisément ce qui ne va pas de soi. La question est la suivante : y a-t-il entre les deux une différence de degré (il s'agirait de deux types différents de récit) ou bien y a-t-il une

1. J. Mitry, *La Sémiologie en question, op. cit.*, p. 34-35.

2. J. Mitry, *Esthétique et psychologie du cinéma*, rééd. Paris, Le Cerf, 2001, p. 30.

3. J. Aumont, A. Bergala, M. Marie et M. Vernet, *Esthétique du film*, Paris, Nathan, 1983, p. 77.

différence de nature (un certain type de cinéma relève du récit, l'autre pas)?

Certes, si narratif est synonyme de figuratif, il ne peut y avoir qu'une différence de degré et, dans ce cas, le seul cinéma non narratif serait un cinéma non figuratif – contrairement d'ailleurs à ce que prétend Mitry, selon lequel « le film le plus abstrait qui montre une figure géométrique en mouvement est une narration puisqu'il décrit le jeu mouvant des lignes et des formes, leur transformation »[1] : mais, dans ce cas, n'importe quel morceau des *Suites* de Bach est un récit (terme qui n'a toutefois ici qu'une valeur métaphorique et pédagogique pour exposer la manière dont une temporalité se construit d'une manière linéaire en traversant divers moments, en passant par des ruptures et en s'élevant jusqu'à un *climax*).

Cette question est, à notre sens, le lieu d'opposition entre la sémiologie fondée par Metz et la conception deleuzienne du cinéma. Car Metz écrit que la narrativité est un phénomène presque inhérent au film, qui l'a « bien chevillée au corps »[2], puisqu'il a pris si vite, et gardé depuis, la voie de la « fiction romanesque »[3]. Il écrit encore que la narrativité est ce « courant d'induction [qui] relie quoiqu'on fasse les images entre elles »[4] : de là le lien entre narrativité et montage. De plus, « la "logique d'implication" par quoi l'image devient langage […] ne fait qu'un avec la narrativité du film »[5]. On comprend que la sémiologie soit d'abord et avant tout une narratologie. Pour Metz, la mise en récit est porteuse des

1. J. Mitry, *La Sémiologie en question*, *op. cit.*, p. 179.
2. C. Metz, « Le cinéma : langue ou langage ? », *Communications*, n° 4 (novembre 1964), p. 53.
3. *Ibid.*
4. *Ibid.*
5. *Ibid.*, p. 54.

questions centrales : « Comment le cinéma signifie-t-il les successions, les précessions, les hiatus temporels, la causalité, les liens adversatifs, la proximité ou l'éloignement spatial, etc. ? »[1]. Il écrit encore : « la narrativité filmique […], en se stabilisant par convention et répétition au fil des bandes innombrables, s'est peu à peu coulée dans des formes plus ou moins fixes, qui n'ont certes rien d'immuable et représentent également un état synchronique (celui du cinéma actuel) »[2].

Bref, le cinéma, c'est essentiellement le cinéma narratif, et à un point tel qu'« il n'est pas certain qu'une sémiologie autonome des différents genres non narratifs soit possible autrement que sous la forme d'une série de remarques discontinues marquant les points de différence par rapport aux films "ordinaires" »[3]. Autrement dit : le non narratif n'est qu'un genre limite, qui ne peut être abordé et appréhendé qu'à travers le narratif[4]. On remarquera que Metz, ainsi qu'on le voit, ne nie nullement qu'il y ait dans le cinéma des « genres non narratifs » – au contraire : il reconnaît l'existence de ceux-ci, mais souligne seulement qu'une sémiologie ne peut pas en dévoiler l'intelligibilité.

On comprend la pertinence de la critique deleuzienne. Car la sémiologie, du fait même de son présupposé (comprendre cet objet qu'est le cinéma à l'aune d'instruments forgés pour analyser le langage ordinaire), fait de la narration quelque

1. C. Metz, « Quelques points de sémiologie du cinéma », *Essais*, vol. 1, *op. cit.*, p. 101.

2. *Ibid.*, p. 104.

3. *Ibid.*

4. Voir aussi la conclusion de l'article sur la grande syntagmatique : « On aura peut-être compris par l'ensemble de cet exposé […] qu'il est malaisé de décider si la grande syntagmatique du film concerne le *cinéma* ou le *récit* cinématographique », C. Metz, *Essais, op. cit.*, vol. 1, p. 143.

chose qui est constitutif du cinéma lui-même : « c'est que, pour Metz, la narration renvoie à un ou plusieurs codes comme à des déterminations langagières sous-jacentes d'où elle découle dans l'image à titre de donnée apparente. Et il nous semble au contraire que la narration n'est qu'une conséquence des images apparentes elles-mêmes et de leurs combinaisons directes, jamais une donnée » [1]. Metz, pour distinguer l'image cinématographique de la photographie, n'invoque pas le mouvement mais le langage (« passer d'une image à deux images, c'est passer de l'image à un langage » [2]), ce qui est justement la raison pour laquelle il fait de la narrativité une dimension immanente au cinéma. Deleuze affirme, contre cette thèse, que la narration est simplement « une conséquence des images apparentes ».

Selon Deleuze, le cinéma n'est pas constitutivement narratif. Pourtant, distinguer les types d'images cinématographiques, c'est distinguer différents types de narration. À propos des films de Robbe-Grillet, Deleuze parle d'un « nouveau mode de narration » [3]. Il ne s'agit certes pas d'une « narration véridique » c'est-à-dire d'une narration qui « se développe organiquement, suivant des connexions légales dans l'espace et des rapports chronologiques dans le temps » [4]. Mais il s'agit d'un nouveau type de narration, la « narration falsifiante » [5], dans laquelle la linéarité du temps éclate et, comme dans « la réponse de Borges à Leibniz », passe par des présents incompossibles : « Dans *Le Jeu avec le feu* [1974], il faut que l'enlè-

---

1. G. Deleuze, *L'Image-temps, op. cit.*, p. 39.

2. C. Metz, *Essais*, vol. I, *op. cit.*, p. 53 (G. Deleuze cite ce texte dans *L'Image-temps, op. cit.*, p. 41).

3. G. Deleuze, *L'Image-temps, op. cit.*, p. 134.

4. *Ibid.*, p. 174.

5. *Ibid.*, p. 171.

vement de la fille soit le moyen de conjurer, mais aussi que le moyen de conjurer soit l'enlèvement, si bien qu'elle n'a jamais été enlevée au moment où elle l'est et le sera, et s'enlève elle-même au moment où elle ne l'a pas été »[1].

Il est vrai qu'il y a au cinéma « des différences entre les narrations », mais « la diversité des narrations ne peut pas s'expliquer par […] les états d'âme d'une structure langagière supposée sous-jacente aux images en général. Elle renvoie seulement à des formes sensibles d'images et à des signes sensitifs correspondants qui ne présupposent aucune narration, mais d'où découle telle narration plutôt qu'une autre »[2].

Voilà quelque chose d'essentiel, qui nous permet de comprendre ce qui distingue la sémiotique de la sémiologie. Car les deux tomes qui constituent l'esthétique cinématographique de Deleuze proposent, outre une ontologie de l'image, une sémiotique.

L'ontologie de l'image, développée *via* Bergson et particulièrement le premier chapitre de *Matière et mémoire*, permet de fonder le statut d'une image qui n'est pas subjective, mais qui est matière[3]. Quant à la sémiologie de l'image, développée *via* Peirce, son but est de penser une classification des images cinématographiques qui ne doive rien aux déterminations du langage : « la force de Peirce, quand il inventa la sémiotique, fut de concevoir les signes à partir des images et de leurs combinaisons, non pas en fonction de déterminations déjà langagières »[4]. Rappelons que Metz, dans un article de 1970 (« Au-delà de l'analogie, l'image »), souligne qu'il est

---

1. G. Deleuze, *L'Image-temps, op. cit.*, p. 133-134.
2. *Ibid.*, p. 179.
3. G. Deleuze, *L'Image-mouvement*, p. 88.
4. *Ibid.*, p. 45.

possible, à l'aune de Peirce, de dissocier cinéma et langage : le cinéma, en ce sens, ne serait pas un langage puisqu'il fonctionne au moyen d'images qui sont des icônes et dont la spécificité consiste dans la ressemblance (*likeness*[1]). Il ajoute toutefois que cette considération est le point de départ, le moment initial d'une sémiologie : on doit donc éviter un « arrêt sur l'iconicité »[2] et aller plus loin en *assumant* pleinement la comparaison du cinéma avec un langage[3].

De là, pour Deleuze, la différence entre la sémiotique et la sémiologie. Si le cinéma relève d'une sémiotique et non pas d'une sémiologie, c'est parce qu'il n'est « ni une langue ni un langage »[4] : « c'est une masse plastique, une matière a-signifiante et a-syntaxique, bien qu'elle ne soit pas amorphe et soit formée sémiotiquement, esthétiquement, pragmatiquement. Ce n'est pas une énonciation, ce ne sont pas des énoncés. C'est un énonçable. […] Aussi devons-nous définir, non pas la sémiologie, mais la "sémiotique" comme le système des images et des signes indépendamment du langage en général. Quand on rappelle que la linguistique n'est qu'une partie de la sémiotique, on ne veut plus dire, comme pour la sémiologie, qu'il y a des langages sans langue, mais que la langue n'existe que dans sa réaction à une matière non langagière qu'elle

---

1. C. Metz, *Essais*, vol. 2, *op. cit.*, p. 152.

2. *Ibid.* : il faut éviter de « trop iconiciser l'icône » (*sic!*) et « replacer l'image parmi les différentes sortes de faits de discours ».

3. Voir aussi C. Metz, « Entretien avec R. Bellour », *Essais*, vol. 2, *op. cit.*, p. 195 : « En somme, j'ai voulu venir à bout de la métaphore "langage cinématographique", […] et pour cela mobiliser d'une manière un peu suivie et "compacte" l'expérience de ceux qui ont le mieux étudié le langage, c'est-à-dire des linguistes ».

4. G. Deleuze, *L'Image-temps*, p. 44 (*cf.* p. 47 : « l'image-mouvement donne lieu à un ensemble sensori-moteur, qui fonde la narration dans l'image »).

transforme. C'est pourquoi les énoncés et narrations ne sont pas une donnée des images apparentes, mais une conséquence qui découle de cette réaction. La narration est fondée dans l'image même, mais elle n'est pas donnée » [1].

Ce texte difficile signifie la chose suivante : le cinéma, en lui-même et par lui-même, n'est nullement narratif, dans la mesure où il relève d'une organisation d'images et que seul ce qui relève de l'énoncé peut être narratif. Un film de John Ford ou bien d'Akira Kurosawa, par exemple, ne relève pas de la narration (sémiologie) mais de la division de l'image-mouvement (sémiotique) en un enchaînement d'images qui n'est autre qu'un enchaînement sensori-moteur : l'exploration ou l'exposition initiale d'une situation (c'est le premier moment de l'image-mouvement : l'image-perception ou perception d'une situation) suscite un sentiment ou un affect (c'est le deuxième moment : l'image-affection) et finit par engendrer une action (c'est le troisième moment : l'image-action) qui produit une situation nouvelle. Deleuze écrit qu'« il n'y a pas lieu de parler d'un cinéma narratif » à propos d'un tel cinéma, « car la narration découle du schème sensori-moteur, et non l'inverse » [2]. Mais, du coup, étant donné que ce qui est mis en question dans le cinéma qui surgit après-guerre, et tout particulièrement le néo-réalisme italien, c'est ce schème sensori-moteur, peut-on encore parler de cinéma narratif ? Si « la narration découle du schème sensori-moteur », il semble que tout le cinéma moderne, dans lequel « les situations ne se prolongent plus en action ou en réaction, conformément aux

---

1. G. Deleuze, *L'Image-temps*, *op. cit.*, p. 44-45. Sur ce texte et son explication, voir aussi notre *David Lynch : matière, temps et image*, Paris, Vrin, 2008, p. 20-22.

2. G. Deleuze, *L'Image-temps*, *op. cit.*, p. 356.

exigences de l'image-mouvement »[1], s'il relève bien au sens large d'un autre type de narration (puisqu'il renferme bien un minimum d'éléments narratifs, du fait de son caractère représentatif), soit au sens strict non narratif.

CINÉMA ET MONTAGE

Comment pourrait-on poursuivre cette interrogation sur la notion de « narration » au cinéma ? Au moyen, nous semble-t-il, de la question du tout et des parties.

Qu'est-ce que le tout au cinéma ? C'est le tout constitué par le film. Or, étant donné que ce tout relève du montage, celui-ci se révèle être (comme le remarquaient déjà Vertov, Balazs, Eisenstein) un élément essentiel du cinéma.

Car le cinéma, ce n'est pas une image, mais une image qui dure et donc se transforme, et qui s'enchaîne avec une autre image. D'où la différence entre le cinéma et la peinture, mais aussi l'incroyable affinité entre le cinéma et la musique, mise en évidence par l'avant-garde française des années 20, avec des cinéastes comme Delluc, Gance, Dulac, L'Herbier ou encore Epstein, et avec des films comme *La Roue*[2] (A. Gance, 1922) et son montage de plans de plus en plus courts, ou *Eldorado* (M. L'Herbier, 1922) qui trouve un équivalent visuel « du rythme musical de tous les fandangos »[3].

C'est que le cinéma, comme la musique, se déploie dans la durée c'est-à-dire doit faire émerger une temporalité à partir du chaos, donc une pulsation et une organisation rythmique

1. G. Deleuze, *L'Image-temps, op. cit.*, p. 356.
2. Voir J. Mitry, *La Sémiologie en question, op. cit.*, p. 19.
3. J. Mitry, *Esthétique et psychologie du cinéma, op. cit.*, p. 164.

– et l'obsession mécanique dont il est question dans cette tendance du cinéma français (*Ballet mécanique* de Léger et Murphy, 1924; *La Photogénie mécanique* de Grémillon, 1925; *Jeux et reflets de la lumière et de la vitesse* de Chomette, 1926; etc.) n'est rien d'autre qu'une tentative pour instituer une *musique* de l'image, c'est-à-dire un ordre temporel pur qui passe par l'organisation des images et non plus des sons [1].

Certes, le cinéma a ceci de commun avec la peinture ou la photographie qu'il passe par l'image, mais il a ceci de commun avec la musique que, de même qu'une note a un sens contextuel, de même une image cinématographique (un plan) n'a de sens que relativement au tout constitué par le film. C'est précisément le sens de l'« effet Koulechov ». Koulechov emprunte dans un film de Geo Bauer un gros plan d'Ivan Mosjoukine, « dont le regard était volontairement inexpressif. Il en fit tirer trois exemplaires. Puis il raccorda successivement le premier exemplaire à un plan montrant une assiette de soupe disposée au coin de la table, le second à un plan montrant le cadavre d'un homme allongé face contre terre, le troisième à celui d'une femme à demi nue, étendue dans un sofa dans une position avantageuse et lascive » [2]. Du coup, le spectateur, ignorant l'artifice, dira que le visage de Mosjoukine exprime successivement « la faim, l'angoisse et le désir » [3].

---

1. On notera que la question du temps cinématographique peut être comparée avec celle du temps musical, mais ne peut pas y être assimilée, dans la mesure où la temporalité de sons par définition non figuratifs ne saurait être la même que celle d'images *de quelque chose*, donc que la durée d'un *quelque chose*.

2. J. Mitry, *Esthétique et psychologie du cinéma*, *op. cit.*, p. 149.

3. *Ibid.* On modèrera toutefois les propos traditionnels portant sur cette expérience en soulignant que, si elle permet certes d'établir le primat du tout sur les parties, elle soulève un certain nombre de problèmes et particulièrement

Ce qui caractérise le montage, ce n'est pas seulement qu'il met les plans en relation, c'est que la relation qu'il établit produit un sens qui n'appartient à aucun des plans pris isolément, mais résulte précisément de leur rapport [1].

Mitry écrit que ce qui se donne dans la peinture, ce n'est pas quelque chose, mais l'image ou la représentation de quelque chose. Au cinéma, par opposition et bien qu'il s'agisse aussi d'images ou de représentations, ce qui se donne n'est pas l'image de quelque chose, mais ce quelque chose en lui-même et par lui-même : l'objet en personne [2]. C'est comme si l'image, alors qu'elle fait apparaître sa spécificité, son statut d'écran dans la peinture ou dans la photographie (entre la chose et nous, il y a l'image), s'évanouissait au cinéma : l'image, ici, se nie comme telle, comme ce qui fait écran entre les choses et nous, et nous voilà dans les choses que le cinéma nous montre (de là, d'ailleurs et par extension, le problème de l'identification au cinéma). Bazin, au fond, veut dire quelque chose d'analogue quand il explique la différence entre la peinture et le cinéma par la distinction entre le cadre et le cache. Si le cadre du tableau est centripète et ne renvoie à aucun hors champ, parce qu'il renferme un monde (celui qu'il propose) dans sa totalité, l'écran est centrifuge [3] et agit donc

celui du cadre diégétique permettant d'établir la liaison (qu'est-ce que cette pièce dans laquelle on trouve une assiette de soupe, un mort et une femme nue ?) : voir « L'effet Koulechov », *Iris, Revue théorique du son et de l'image*, vol. 4, n° 1 (1988).

1. J. Mitry, *La Sémiologie en question*, *op. cit.*, p. 18.

2. *Ibid.*, p. 102 et 105. Voir aussi B. Balazs, *L'Esprit du cinéma*, trad. fr. J.M. Chavy, Paris, Payot, 1977, p. 128 : le cinéma « a aboli la distance fixe du spectateur ; cette distance qui, jusqu'alors, faisait partie de l'essence des arts visuels. [...] La caméra emmène mon œil. En plein milieu de l'image ».

3. A. Bazin, *Qu'est-ce que le cinéma ?*, *op. cit.*, p. 188.

comme un cache, parce qu'il est, par définition, c'est-à-dire à titre de plan dans un film et donc de partie dans un tout (là où le cadre du tableau renferme un tout), limité et fini, donc renvoyant à un ailleurs. Au-delà des limites de l'écran cinématographique, il y a autre chose : il y a la suite, le reste.

Rien qu'en disant cela, on comprend le sens et l'importance du hors-champ au cinéma. On distinguera deux types de hors-champ. Car si le hors-champ, c'est d'abord, au sens littéral, le visible non vu ou le perceptible non perçu qui est au-delà de la limitation du cadre – donc : un hors-champ relatif, pour autant qu'il peut entrer dans le champ –, le hors-champ, c'est aussi, au sens métaphorique ou figuré, ce qui fonde le hors-champ relatif dont il vient d'être question. C'est un hors-champ absolu, un absolument hors-champ : d'autant plus absolu qu'il est, justement, non pas de l'ordre du contenu, mais de l'ordre structurel. Le hors-champ absolu, c'est en somme ce qui permet à chaque image de passer et de laisser place à une autre image.

C'est là-dessus que joue un certain cinéma d'horreur fondé sur une exhibition ou une mise en scène de l'attente au moyen d'une dilatation du temps. Soit une jeune fille apeurée dans une grande maison. Il y a d'abord ce qui fait peur hors-champ (non actualisé mais actualisable dans le plan d'après). Mais il y a aussi l'autre hors-champ : la fille a peur, la caméra la traque, la fille guette, elle cherche, mais – résolution finale – ce n'était rien, il n'y avait rien (tout juste un chat qui passait ou le vent qui donnait l'illusion d'une présence). Ce type de scènes, innombrables, qui ne riment à rien pour autant qu'elles ne mènent à rien (« ce n'était que cela ! »), reposent sur un pur possible qui n'est que possible (et qui n'en possède pas moins, à ce titre, une effectivité). Le hors-champ c'est, du point de vue structurel, le possible (« tout peut arriver ») : et si « tout peut arriver », c'est parce que l'image cinématographique est dans le temps. Le hors-champ absolu, qui ne peut pas être montré c'est-à-dire figuré, parce qu'il est fonctionnel, est le manque constitutif de toute image (cinématographique) : ce qui fait qu'elle appelle sa suppression dans une autre image, qu'elle appelle son changement ou sa métamorphose. Le hors-champ fonctionnel est donc lié à la spécificité de l'image au cinéma, image en mouvement comme dit Mitry – il est ce qui fait passer d'une image à une autre.

Mitry remarque que c'est la mobilité de la caméra qui fait qu'au cinéma on a l'impression d'être en présence de la chose même et donc de participer[1]. Il faut prendre ici « mobilité » en un sens figuré. Si, même dans un film en plans fixes, on a l'impression de participer (*i.e.* d'être dans l'image[2]), c'est à cause de la multiplication des plans différents c'est-à-dire des points de vue.

Rappelons à cet égard comment cette spécificité du cinéma, qui nous paraît si « naturelle » aujourd'hui, pour autant que la succession des plans qui constituent par exemple une séquence est immédiatement identifiée par le spectateur sans aucune difficulté, a toutefois été l'objet d'une constitution progressive à partir du « cinéma primitif » (N. Burch) ou « cinéma des premiers temps » (A. Gaudreault). Notre question, toutefois, n'est pas historique. Autrement dit, elle n'est pas celle de déterminer les premiers films fondés sur une telle démultiplication des plans. Elle n'est pas non plus celle, qui apparaît implicitement dans les deux expressions citées, de savoir s'il faut considérer l'époque du cinéma naissant comme

---

1. J. Mitry, *La Sémiologie en question*, *op. cit.*, p. 106.
2. Il ne s'agit pas ici de la question de la participation au sens de l'identification, que nous serions tentés d'évacuer à la manière de N. Carroll (voir L. Jullier, *Cinéma et cognition*, Paris, L'Harmattan, 2002, p. 157).

un fait en soi, à comprendre et à interpréter relativement aux autres faits culturels qui y sont liés (les autres types d'images) et indépendamment de ce qui lui succède (A. Gaudreault), ou bien s'il faut l'examiner d'une manière téléologique, c'est-à-dire relativement au type de représentation dominant (celui du cinéma occidental) auquel elle a donné naissance (N. Burch).

Dès la naissance du cinéma apparaissent des tentatives qui, d'une part, substitue à des vues uniponctuelles (une séquence = un plan) les premières formes de montage, et qui, d'autre part, substituent à une représentation qui est celle du théâtre, où la caméra n'occupe qu'un seul point de vue, frontal, celui du spectateur qui est dans la salle (celui du « monsieur de l'orchestre »[1]), une démultiplication des plans dont l'exemple le plus connu est *The Great Train Robbery* (Edwin Stratton Porter, 1903).

Ce qui naît ainsi, c'est le montage à titre de technique ou d'art dans la manière d'enchaîner les images (les plans à l'intérieur d'une séquence, celle-ci se caractérisant par l'unité spatio-temporelle, mais aussi les séquences à l'intérieur d'un film).

On comprend que, si le cinéma nous donne « l'objet lui-même » alors que la peinture ou la photographie ne nous en donnent qu'une image, si donc le cadre, au cinéma, est un cache (renvoyant toujours à un ailleurs), c'est parce que l'image cinématographique implique la démultiplication des points de vue – ainsi que ce qui lui est lié : la variation de l'échelle des plans. Cette démultiplication joue le même rôle, dans le cinéma, que la mobilité dans la perception humaine.

---

1. G. Sadoul, « G. Méliès et la première élaboration du langage cinématographique », *Revue internationale de filmologie*, n° 1 (juillet-août 1947), p. 24.

Il ne s'agit pas ici de la mobilité au sens qu'elle revêt par exemple chez Destutt de Tracy, selon qui elle est le fondement des impressions de résistance et de solidité, relevant du corps tout entier sans dépendre d'aucun sens en particulier – mais de la mobilité entendue comme fondement de la démultiplication des points de vue (c'est pour cette raison que la caractéristique du cinéma est d'être *une image animée*, indépendamment même de la question de la fixité du plan).

La comparaison entre l'image cinématographique et la perception humaine est toutefois limitée [1].

1) On opposera à l'image cinématographique, dont le centre est abstrait, le centre concret de la perception c'est-à-dire le sujet phénoménal qui est d'abord et avant tout un corps agissant – c'est d'ailleurs ce qui fait dire à Merleau-Ponty que, dans la perception, la profondeur ne saurait être assimilée à la largeur vue de profil, car la profondeur n'est pas l'objet d'une appréhension toute intellectuelle, mais est saisie « par rapport à une certaine "portée" de nos gestes, […] une certaine "prise" du corps phénoménal sur son entourage » [2]. Dans l'optique de cette phénoménologie, l'impression de participation suscitée par le cinéma, l'impression d'avoir devant nous « l'objet lui-même », c'est-à-dire en définitive l'impression de profondeur relève en définitive, comme dans les théories classiques de la perception (l'empirisme et l'intellectualisme) [3] qui affirment que la profondeur n'est pas donnée (visible) et que « nos rétines reçoivent du monde une projection sensiblement plane »,

---

1. Sur la question d'une phénoménologie du cinéma, liée à une telle comparaison, on consultera J.J. Marimbert (dir.), *La Mort aux trousses (A. Hitchcock, 1959)*, Paris, Vrin, 2008, chap. 2.

2. M. Merleau-Ponty, *Phénoménologie de la perception*, Paris, Gallimard, 1983, p. 308.

3. *Ibid.*, p. 294, 296.

d'une juxtaposition de différents points de vue effectivement co-présents dans la perception actuelle (ce que j'ai vu ou ce que je verrais à une autre place), par quoi le sujet déchiffre les faits donnés perceptivement « en les replaçant dans le contexte de relations objectives qui les expliquent »[1].

2) Non seulement le corps percevant passe continûment d'une perspective à l'autre (il faut du temps afin de monter sur un toit pour voir la manifestation), alors que l'image cinématographique saute immédiatement et discontinûment de l'une à une autre, d'un plan à un autre, c'est-à-dire par le moyen du raccord[2], mais surtout : cette image démultiplie les points de vue d'une manière qui reste impossible à un spectateur, c'est-à-dire qu'il y a une certaine immobilité de la perception naturelle due à l'inertie et à la pesanteur du corps. À la différence du mouvement de la perception naturelle, le mouvement de la perception cinématographique est un mouvement pur, une pure perception sans corps. C'est ce que Vertov, par opposition à l'œil humain (sa pesanteur, son inertie), appelle le « ciné-œil » dans le célèbre manifeste de 1923. Le ciné-œil est un œil supra humain puisqu'il n'est pas soumis aux contraintes de celui-ci : débarrassé de tout lien avec un organe des sens et donc avec un corps, il est la pure mobilité sans corps – de là sa vitesse et sa possibilité de sauter immédiatement d'un point de vue à l'autre. Le ciné-œil, écrit Vertov, c'est la perception

---

1. M. Merleau-Ponty, *Phénoménologie de la perception*, *op. cit.*, p. 297.

2. Nous nous opposons donc sur ce point à Deleuze quand il écrit à propos de Poudovkine : « c'est comme si on montait sur un toit pour voir la manifestation, puis qu'on redescendait à la fenêtre du premier étage, puis dans la rue, *comme si* seulement ; car la perception naturelle introduit des points d'arrêt, des ancrages, des points fixes ou des points de vue séparés, des mobiles et des véhicules distincts, tandis que la perception cinématographique opère continûment, d'un seul mouvement », *L'Image-mouvement*, *op. cit.*, p. 36.

devenue objective : portée jusque dans les choses mêmes, « de telle sorte que n'importe quel point de l'espace perçoive tous les autres points »[1].

Bref, le *réalisme* de l'image cinématographique, cette impression de participer et d'être dans l'image, voilà qui tient particulièrement à la spécificité de l'image au cinéma, à savoir le montage.

D'une certaine façon, la plupart des découvertes techniques qui ont modifié (ou non) le cinéma ont toujours visé à lui donner un surcroît de réalisme. C'est le cas de l'avènement du cinéma parlant : avec *Le Chanteur de jazz* (A. Crosland, 1927), on sort de ce que Michel Chion appelle très justement un « cinéma sourd », puisque, dans ce qu'on nomme impropre-ment le « cinéma muet », les protagonistes ouvrent la bouche et articulent des sons même si le cinéma n'a pas le moyen de les entendre[2].

Avec l'avènement du son synchrone, le statut de l'image cinématographique change – qu'on pense aux nouvelles possibilités de montage qu'il rend possible (comme au début de *M le maudit* [F. Lang, 1931], où c'est la parole qui fonde les passages d'un plan à l'autre) ou au nouveau hors-champ qu'il institue : dans les deux versions de *Elle et lui* [L. Mc Carey, 1939 et 1957], la femme sort du taxi pour aller au rendez-vous tant attendu, lève les yeux vers le sommet de l'Empire State

1. Voir G. Deleuze, *L'Image-mouvement, op. cit.*, p. 117. Vertov écrit dans son manifeste : « Je suis un ciné œil. Un œil mécanique. [...] Je m'approche des choses, je m'en éloigne. Je me glisse sous elles, j'entre en elles. [...]. Je traverse les foules à toute vitesse, je précède les soldats à l'assaut, je décolle avec les aéroplanes, je me renverse sur le dos, je tombe et me relève en même temps que les corps tombent et se relèvent... [...] Libéré des frontières du temps et de l'espace, j'organise comme je le souhaite chaque point de l'univers ».

2. M. Chion, *La Voix au cinéma*, Paris, Les cahiers du cinéma, 1982, p. 16.

Building, traverse la route et sort de l'écran : on entend un crissement de pneus, un grand boom et on voit des gens courir et s'attrouper...).

Que le son synchrone confère un surcroît de réalité à l'image, c'est ce qui surgit lorsque, dans le film parlant, l'image se retrouve d'un seul coup toute nue, privée de cet accompagnement, et apparaît du coup d'autant plus dans sa réalité d'*image* (*Pierrot le fou*, J.L. Godard, 1965 ; *Masculin féminin*, J.L. Godard, 1966, etc.).

La couleur, dont Mitry note qu'elle existait déjà « d'une façon relativement satisfaisante » depuis 1895[1], mais dont l'utilisation se généralise d'abord dans le cinéma américain à partir de la seconde guerre mondiale (*Autant en emporte le vent* et *Le Magicien d'Oz*, V. Fleming, 1939), collabore elle aussi à la même tendance[2]. C'est également le cas du CinémaScope, qui apparaît pour la première fois en 1953 (*La Tunique*, H. Koster) et qui signifie l'avènement d'un nouveau format, plus large, donc avec un horizon plus grand (comme dans la vie c'est-à-dire l'horizon perceptif) correspondant particulièrement bien au grand spectacle et à l'aventure (péplum, western), même s'il « fut rapidement utilisé pour des genres plus intimistes »[3] (*Thé et sympathie*, V. Minelli, 1956).

---

1. J. Mitry, *Esthétique et psychologie du cinéma*, *op. cit.*, p. 308.

2. A. Bazin écrit dans *Qu'est-ce que le cinéma ?*, *op. cit.*, p. 142 : « La couleur, dont on finira peut-être par découvrir qu'elle est essentiellement un élément non réaliste, etc. » – proposition que nous comprenons d'autant moins que ce qu'a découvert le cinéma depuis la fin des années 70, c'est le *retour* au noir-et-blanc stylisé qui, puisque le cinéma est en couleur et que celle-ci collabore à son réalisme, fait cinéma (*Manhattan* et *Stardust Memories*, W. Allen, 1979 et 1980 ; *Elephant Man*, D. Lynch, 1980 ; etc.).

3. D. Bordwell et K. Thompson, *L'Art du film. Une introduction*, *op. cit.*, p. 282.

Mais, puisque le cinéma, telle la statue de Condillac, vient à la vie en conquérant successivement les différents *qualia* sensibles, il lui manque encore un tact qui lui donnerait une représentation moins abstraite du relief et un odorat. Ces deux caractéristiques apparaissent respectivement en 1953 (les films en 3D les plus connus étant ceux de Jack Arnold, particulièrement *L'Étrange créature du lagon noir*, 1954) et 1980 (c'est l'étonnant *Polyester*, de John Waters, avec évidemment Divine, le premier et unique film en odorama).

On a souligné avec Mitry que le montage est une mise en rapport de plans qui produit un effet non contenu dans aucun des deux plans mis en rapport. C'est pourquoi il faut définir le montage comme *productivité* ainsi que l'écrit Bela Balasz dans *L'Esprit du cinéma* («le montage devient productif lorsque, grâce à lui, nous apprenons des choses que les images elles-mêmes ne montrent pas »[1]).

On pourrait croire qu'il faut opposer Bazin, qui affirme que le cinéma a pour tâche de reproduire une réalité qui est déjà là dans toute sa densité c'est-à-dire dans toute son ambiguïté (on y reviendra), critiquant le rôle du montage auquel il n'accorde qu'une place réduite (le passage d'un plan à un autre), à Mitry qui, conférant une place privilégiée au montage, affirme le caractère productif du montage. Cela posé, il faut souligner que, selon Mitry, le montage produit, non pas une réalité qui est toujours déjà là, mais simplement des idées : «il faut se garder de confondre l'espace *réel* analysé par coupes ou fragmentations successives et le pseudo réel *fabriqué* au montage, car, en fait, le montage ne crée aucun

---

1. B. Balazs, *L'Esprit du cinéma, op. cit.*, p. 160.

"réel" et n'a nul pouvoir de le faire. Il ne crée que des rapports, ne détermine que des idées »[1].

Comment caractériser la productivité du montage? Il y a certes bien une illusion réaliste, constitutive du fonctionnement de l'image ou du récit cinématographique, mais il n'en demeure pas moins que la réalité représentée par cette image est complètement produite par le montage. En ce sens, la forme produit le contenu[2] c'est-à-dire l'impression d'un monde possédant une unité et une cohérence, autant dans l'enchaînement spatio-temporel (sans trou) des évènements que dans les légalités qui le régissent (les liaisons causales). Dans *Filming Othello* (1978), Welles révèle comment un champ contrechamp n'implique nullement la co-présence des personnages qui se parlent et qu'on croit face à face, et montre l'absence de tout dialogue véritable entre deux acteurs filmés à des moments différents du temps et à des milliers de kilomètres de distance ! Ou bien les documentaires sur le tournage du *Procès* (1962) montrent que ce sont les raccords ou connexions effectués par le montage qui produisent le monde unitaire du film, monde qui doit son caractère esthétiquement contradictoire aux lieux de tournage différents unifiés par le film (la France et la Yougoslavie, la gare d'Orsay et Zagreb). Enfin, *Vérités et mensonges* (1973) pousse l'illusion encore plus loin, moins en se donnant comme un documentaire et en inventant de faux personnages qu'en reprenant systématiquement le récit afin d'annuler ce qui vient d'être dit et montré

---

1. J. Mitry, *Esthétique et psychologie du cinéma, op. cit.*, p. 220.
2. Nous renvoyons sur cette question à nos développements dans *Le Cinéma d'horreur et ses figures*, Paris, PUF, 2006, où nous avons filé la métaphore néokantienne (dans le cinéma, *c'est la représentation qui produit son objet*).

dans un va-et-vient incessant entre fiction et documentaire où la limite entre les deux devient indiscernable.

Plus largement, tout film produit une géographie imaginaire, non seulement en créant des lieux qui n'existent pas (de la maison et particulièrement la chambre, immense afin de faciliter les mouvements de l'équipe technique, à titre de lieu essentiel de la comédie maritale américaine, jusqu'à la rue du *musical*, reconstituées *en studio*), mais aussi en juxtaposant des lieux éloignés et en créant des rapprochements inédits.

Que le cinéma soit créateur au sens où il présente une réalité qui ne préexiste pas au récit cinématographique, et même lorsque le film se donne, non pour une fiction, mais pour un documentaire, voilà qui apparaît, indépendamment même du montage qui choisit, élimine, coupe, souligne ou insiste, dans le simple cadrage qui déjà interprète et, en ce sens, invente. Laurent Jullier écrit à propos de la composition du plan et du choix qui y intervient que, dans un documentaire sur un quartier difficile, on aura le choix « entre deux extrêmes optiques-idéologiques : une combinaison distance focale courte + petite profondeur de champ et une combinaison distance focale longue + grande profondeur de champ. La première aura pour effet de détacher les sujets des maisons qui les entourent et connotera sans doute l'idée de libre arbitre. [...] La seconde aura au contraire pour effet de fondre les sujets dans le décor [...] ; elle connotera davantage l'idée que le comportement des sujets est le produit des conditions de vie qui sont les leurs »[1].

Si le montage est un acte essentiel du cinéma, comme il a été dit, c'est parce que, ainsi que l'affirmait Eisenstein, il est le

---

1. L. Jullier, *L'Analyse des séquences*, Paris, Nathan, 2002, rééd. 2004, p. 78.

tout du film – c'est-à-dire : l'Idée du film. C'est la raison pour laquelle Deleuze souligne que le cinéma est pour Eisenstein le savoir absolu dont parlait Hegel, qui lie inextricablement l'Idée et le sensible et renvoie sans cesse de l'un à l'autre, pour autant que l'Idée n'existe que par sa manifestation sensible dans les plans et que ceux-ci renvoient sans cesse à celle-là [1].

On peut penser ce tout de plusieurs manières, comme autant de déclinaisons d'une même idée – mais une seule, on le verra, nous apparaît véritablement légitime.

Le tout, c'est, pour le dire d'une manière *psychologique*, le point de vue du « grand imagier » (l'expression est d'Albert Laffay [2]), l'équivalent du quatrième mur au théâtre, c'est-à-dire le point de vue du « montreur d'images » qui reste toujours le « maître du jeu ». C'est comme chez Kant dans la *Critique de la raison pure* : s'il y a d'un côté un ou plusieurs sujets phénoménaux, les protagonistes du film, qui apparaissent devant nous et conquièrent peu à peu une épaisseur c'est-à-dire une identité, ces sujets sont constitués par le montage des différents plans qui constituent le film. Mais ces plans, à titre d'images qui se succèdent et s'organisent, renvoient à un sujet qui constitue ces sujets phénoménaux comme tels et qui en est la condition de possibilité, à savoir au sujet transcendantal, grand invisible puisqu'il ne saurait être objectivé sans, derechef, présupposer un sujet ultime qui fonde toute objectivation, c'est-à-dire celui pour qui il y a un objet. C'est l'œil de la caméra. Il n'y a dans l'histoire du cinéma qu'un seul

1. Dans son discours de février 1930 à la Sorbonne, où il annonce son intention d'adapter *Le Capital* de Marx, Eisenstein définit le cinéma comme une « grande synthèse » entre « l'élément intellectuel » et le sensible par l'intermédiaire du sentiment : « De l'image au sentiment, du sentiment à la thèse » (voir B. Balazs, *L'Esprit du cinéma, op. cit.*, p. 191-192, où ce texte est cité).

2. A. Laffay, *Logique du cinéma*, Paris, Masson, 1964, p. 81.

film, *La Dame du lac* (R. Montgomery, 1946), entièrement filmé en caméra subjective (point de vue du narrateur : le détective Philip Marlowe), qui vise sans y parvenir d'ailleurs [1] l'élimination du « grand imagier » et sa résorption dans la diégèse (le point de vue de celui qui filme est inclus dans l'histoire elle-même).

En ce sens encore, le tout, c'est l'énonciateur, dira-t-on d'un point de vue *linguistique*. Comme l'écrit Metz, « l'énonciation est au travail dans chaque parcelle du film, elle n'est rien d'autre que l'angle sous lequel l'énoncé est énoncé, le profil qu'il nous présente, l'orientation du texte, sa géographie, sa topographie, etc. » [2].

Une dernière comparaison, qui est d'ordre *logique* (au sens que la philosophie allemande post- et néokantienne donne à ce terme), nous permet toutefois d'être plus précis. Car, jusqu'ici, on a pu laisser penser que le tout, c'est le tout des images c'est-à-dire des plans qui constituent le film, donc la *somme* des plans ou leur simple *addition*. Mais voilà qui ne fonde pas encore une unité c'est-à-dire un tout, mais constitue seulement la juxtaposition d'une pure diversité, c'est-à-dire une simple rhapsodie. C'est pourquoi il faut penser le tout comme la loi d'intégration des plans, donc comme la règle qui fonde le passage d'un plan à l'autre. Bref, le tout, c'est bien l'Idée ou le concept (Eisenstein), mais au sens que les représentants du néokantisme de Marbourg donnent à ce terme : la *fonction* qui produit les membres de la série (et donc chaque membre de la série), la « loi compréhensive » (Natorp) ou la « relation géné-

---

1. Pour la raison énoncée plus haut, à savoir l'irréductibilité de l'image cinématographique à toute perception subjective.

2. Entretien avec C. Metz, *Christian Metz et la théorie du cinéma, op. cit.*, p. 287.

ratrice » (Cassirer) qui engendre le divers (*i.e.* les plans). Le montage, c'est la loi.

La loi, qui n'est pas image, mais pensée, peut toutefois être figurée par et dans l'image. Pour le dire autrement, la loi, telle une signature, peut trouver son illustration dans certains plans du film. C'est, ainsi que cela a souvent été dit, la spirale de *Vertigo* (A. Hitchcock, 1958), à la fois une figure visuelle du film, qu'on retrouve dans le tracé de la route, le chignon, le bouquet ou encore le graphisme de Saul Bass (le générique), mais c'est aussi la loi génératrice. Ou bien, au début de *Marnie* (A. Hitchcock, 1964), l'héroïne, qui va voir sa mère, sort du taxi et gravit les quelques marches qui mènent à la maison. Derrière, la rue bordée des deux côtés de maisons se poursuit jusqu'au fond où l'on aperçoit la silhouette d'un énorme bateau suggérant l'existence d'un port. Il est clair que Tippi Hedren passe devant une toile peinte. Les spectateurs qui aiment la vraisemblance diront que ce plan ne marche pas, parce que la perspective avec la rue qui s'achève sur le bateau fait toc. Cela posé, les spectateurs qui aiment le cinéma seront attentifs au fait que le plan, non seulement possède une signi-fication au sens où Truffaut disait que tout plan doit faire avancer la narration, mais, surtout, donne sinon la clé de l'énigme du moins la loi qui unifie la diversité des plans et régit la progression du récit jusqu'à son but, à savoir la révélation du traumatisme originaire enfoui dans l'inconscient de l'héroïne. Il illustre le mouvement du film et le voyage (au sens figuré) des personnages sous la forme d'un trajet dans l'espace : revenir à l'origine pour comprendre la pathologie de Marnie (comme écrivait Freud, *wo es war, soll ich werden*), c'est aller jusqu'au bout de la rue, jusqu'au port (le bateau comme expression du meurtre du marin).

La question devient celle d'une classification ou d'une typologie des différentes espèces de montage. On distingue traditionnellement deux types de montage [1].

D'un côté, il y a le montage narratif, « qui n'a pas d'autre but que d'assurer la continuité de l'action, quelles que soient les idées exprimées à la faveur des événements décrits » [2].

De l'autre côté, Martin parle d'un « montage expressif » qui « vise à exprimer par lui-même – par le choc de deux images – un sentiment ou une idée » [3], là où Mitry, lui, distingue, outre un « montage d'idées » ou « montage constructif » qui équivaut à monter des images préexistantes pour leur donner un nouveau sens [4], un « montage lyrique » à la Poudovkine et un « montage intellectuel » à la Eisenstein.

Le premier problème, qui concerne seulement Mitry, c'est qu'on ne voit guère ce qui distingue les deux dernières espèces de montage, dans la mesure où le montage lyrique « se sert de cette continuité [*i.e.* narrative] pour exprimer des idées ou des sentiments qui transcendent le drame » [5], alors que, dans le montage intellectuel, il s'agit « moins d'exprimer des idées à la faveur de ce récit que de les déterminer dialectiquement » [6]. Voilà une distinction tout à fait artificielle, dans la mesure où la dialectique, à titre de type de pensée, relève bien de l'expression des idées (le cinéma, chez Eisenstein, est de l'ordre de

---

1. Voir M. Martin, *Le Langage cinématographique*, Paris, Le Cerf, 1955, et J. Mitry, *Esthétique et psychologie du cinéma, op. cit.*

2. J. Mitry, *Esthétique et psychologie du cinéma, op. cit.*, p. 188.

3. M. Martin, cité dans *Esthétique du film, op. cit.*, p. 45.

4. J. Mitry donne évidemment comme exemple Vertov – on pense aujourd'hui aux *Histoire(s) du cinéma* de J.L. Godard (au passage : la seule histoire *cinématographique* du cinéma).

5. J. Mitry, *Esthétique et psychologie du cinéma, op. cit.*, p. 188.

6. *Ibid.*

l'expression des idées, mais celles-ci s'inscrivent dans son cinéma d'une pensée dialectique par opposition au cinéma américain).

Le second problème, qui touche Martin et Mitry, est le suivant. On a souligné que, à côté du montage narratif «qui assure l'enchaînement des éléments de l'action selon un rapport qui, globalement, est un rapport de causalité et/ou de temporalité diégétique »[1], ces deux auteurs distinguent un montage qui, s'il part certes de cette narration, la subordonne à autre chose : l'expression d'idées ou de sentiments. Mitry a pourtant mis en évidence un point essentiel qui réfute cette distinction dans son principe même. Il écrit en effet que, puisque «l'image la plus réaliste n'est pas reproduction, mais interprétation »[2], « il n'y a pas, au cinéma, de dénotation pure » – ajoutant : « la dénotation – au niveau des plans – est toujours une espèce de connotation »[3]. En ce sens, tout plan possède de droit une double fonction : si, du fait de la dénotation de l'image, il fait avancer l'action en s'inscrivant dans une narration, il n'en exprime pas moins, en même temps, des idées ou des sentiments, du fait des connotations de l'image (connotations relatives à la structure du plan, exactement comme dans les films expressionnistes allemands[4], mais aussi

1. J. Aumont, A. Bergala, M. Marie et M. Vernet, *Esthétique du film*, *op. cit.*, p. 45.

2. J. Mitry, *La Sémiologie en question*, *op. cit.*, p. 118.

3. *Ibid.* On lit p. 102 : « Les éléments saisis par l'objectif sont réorganisés, structurés en fonction (et par la fonction même) du cadre auquel ils se rapportent. L'image devient *forme*. Et comme ce qu'elle dénote est toujours vu selon un certain angle, la représentation est déjà, par elle-même, une espèce de connotation ».

4. *Ibid.*, p. 196 où Mitry évoque les « connotations picturales, plastiques et architectoniques […], codifiées par toute une tradition ésotérique : une

relatives à ce tout qu'est le film et par rapport auquel tout plan trouve un surcroît de sens). On ne saurait donc distinguer un montage narratif et un montage lyrique ou expressif (qu'on l'appelle comme on veut), dans la mesure où tous deux sont complémentaires et indissociables.

Ce qui, relativement à la question qui nous occupe, est intéressant chez Bazin, c'est moins sa position normative et morale sur le « montage interdit » [1], rendue par ailleurs complètement obsolète par le progrès des effets spéciaux et l'avènement des effets numériques (la simple existence cinématographique de Jar Jar Binks [*Stars Wars*, III. *La menace fantôme*, G. Lucas, 1999] réfute Bazin [2]), que sa distinction entre deux types de film et son insistance sur une caractéristique qui selon lui surgit dans le néoréalisme italien.

Le cinéma classique américain est subordonné à la logique du récit. Hitchcock, par exemple, ne cesse de dire à Truffaut que, dans un film, tout plan est utile : il communique au spec-

symbolique » liée au « jaillissement des verticales, [à] la douceur des courbes, [à] la rigueur des droites, horizontales et diagonales ».

1. Qu'on compare sur cette question le moraliste Bazin à l'esthéticien Mitry. S'il faut à un moment donné, lorsqu'il y a une interaction (ou interdépendance) entre deux éléments (ou protagonistes) de la scène, les montrer ensemble (par exemple le chasseur et sa proie), c'est parce qu'il ne faut pas tricher avec la réalité pour celui-là (voir *Qu'est-ce que le cinéma?*, *op. cit.*, p. 53, 54-55), alors que, pour celui-ci, c'est seulement pour des raisons de construction dramatique (précision des rapports spatiaux de l'un par rapport à l'autre) (voir *Esthétique et psychologie du cinéma*, *op. cit.*, p. 219).

2. Selon Bazin, s'il y a une supériorité de *Ballon rouge* (A. Lamorisse, 1956) sur *Une fée pas comme les autres* (J. Tourane, 1956) c'est parce que les animaux de ce dernier film « ne réalisent pratiquement jamais ce qu'on les voit faire », alors que le premier film « ne doit rien au montage » – car, s'il devait ses performances au montage, « le ballon magique n'existerait que sur l'écran alors que celui de Lamorisse nous renvoie à la réalité » (*Qu'est-ce que le cinéma?*, *op. cit.*, p. 53).

tateur une information et fait avancer l'action. Autre exemple : on raconte que Jack Warner « faisait systématiquement couper les scènes montrant un personnage se rendant d'un point à un autre »[1]. L'efficacité des films Warner des années 1930 tient à leur rigueur narrative, car « tout ce qui n'était pas absolument nécessaire à la progression de l'action est impitoyablement éliminé »[2].

Ce « genre cinématographique » qu'est le cinéma classique possède en effet des caractéristiques souvent énumérées :

1) il présente une succession d'actions effectuées par un personnage au motif clairement déterminé, de sorte que le *telos* précis qui constitue le film trouve sa réalisation dans une série de tâches permettant de l'atteindre ;

2) en ce sens, il repose sur une gradation étagée qui s'élève jusqu'au *climax* (aboutissement) ;

3) il fonctionne sur une certaine prévisibilité, liée d'abord au fait qu'il s'inscrit dans un genre permettant d'anticiper l'évolution du récit, mais aussi aux « effets d'annonce » ;

4) il proscrit tout hasard (et, corrélativement, évacue ce qui n'a nul sens relativement à l'intrigue) ;

5) il manifeste une clôture du récit et une symétrie structurelle.

Le *fond* est relayé par la *forme*. À l'unité et à la cohérence du monde de la diégèse (par exemple l'enchaînement causal des événements) correspond une certaine structure formelle mise en place progressivement (par exemple le *shot-reaction shot*). Rappelons que, d'une part, l'« homogénéisation du signifiant visuel » au moyen de laquelle on sort d'un « cinéma

---

1. J.P. Coursodon, *La Warner Bros*, *op. cit.*, p. 99.
2. *Ibid.*

primitif » dans lequel « les décors naturels et les toiles peintes peuvent se succéder sans précaution », et, d'autre part, la « linéarisation, par la manière dont on raccorde un plan au plan suivant dans le mouvement […], [par] le raccord sur le regard […], le raccord sur le son », etc., constituent les principes de « la narration filmique "classique" » [1]. Elles relèvent moins à notre sens d'un idéal de la *transparence* (ce qu'on appelle le « style invisible ») selon lequel « tout changement de plan [est] effacé comme tel » [2], comme si l'on était à l'intérieur de l'histoire et que celle-ci se racontait elle-même et effaçait ses conditions de possibilité (idéal en vertu duquel « on a pu expliquer la fameuse règle qui prescrit à l'acteur de ne pas regarder la caméra » [3]), que du principe de la continuité et de la totalisation.

Dans l'organisation téléologique manifestée par le cinéma classique, c'est le tout qui importe et non les parties c'est-à-dire les plans. Il y a donc une *négation* du plan dans sa spécificité au profit du tout – puisque, de même que dans la musique tonale une note n'a de sens que contextuellement c'est-à-dire en fonction du rapport tonique-dominante auquel elle est soumise, ici le sens de chaque plan consiste à *assumer* celui

1. F. Vanoye et A. Goliot-Lété, *Précis d'analyse filmique*, Paris, Nathan, rééd. 2004, p. 18.

2. *Esthétique du film*, *op. cit.*, p. 52.

3. *Ibid.*, p. 85. Mitry critique Burch qui affirme que le montage classique a pour fonction de « dissimuler le discontinu ». Il souligne que « la perfection des raccords n'efface nullement la discontinuité des plans » (*La Sémiologie du cinéma*, *op. cit.*, p. 135), puisqu'il s'agit simplement de produire une unité spatio-temporelle (« assurer la continuité des gestes et du mouvement à travers la discontinuité des plans », p. 136). Il nous semble néanmoins que la critique est artificielle. Étant donné que l'image est indissociable de ce qu'elle montre, l'unité de ce qui est montré garantit et fonde effectivement l'unité des images, effaçant ainsi leur discontinuité.

qui le précède et à préparer ou anticiper celui qui suit. D'où le mot d'ordre du cinéma classique, c'est-à-dire l'injonction de gommer les intervalles ou les interstices.

Aussi peut-on dire que le cinéma narratif fonctionne par composition ou intégration.

Bazin est le premier à souligner que le néoréalisme appartient à un autre « genre » qui, comme l'écrit Deleuze lorsqu'il souligne que ce « genre » marque l'avènement de la modernité cinématographique (en un sens historique, donc par opposition au classicisme), n'est ni meilleur ni pire mais tout simplement différent[1] (on trouve le même type de remarque chez Burch[2]). C'est un cinéma qui prend son temps, c'est-à-dire qui restaure ou revalorise l'inessentiel c'est-à-dire le quotidien dans sa banalité : si, alors qu'il fuit avec son père, le gosse du *Voleur de bicyclette* (V. de Sica, 1948) veut pisser, on prend le temps de nous les montrer s'arrêter et on respecte le temps de l'événement réel[3]. Revaloriser l'événement, c'est désassujettir l'instant, le moment, du tout. Cette revalorisation de l'inessentiel est liée, selon Bazin, à une caractéristique formelle essentielle : le plan-séquence, donc le plan qui dure, s'étend, respecte le temps de l'événement, le plan qui se déroule continûment à la manière de l'action (ou de la non-action) des personnages et donc de la vie, contre l'éclatement et donc le morcellement du montage propre au style classique, morcellement qui décompose et recompose artificiellement la durée, n'en donnant qu'une image indirecte[4].

1. G. Deleuze, *L'image-temps*, *op. cit.*, p. 58-59.

2. N. Burch, *La Lucarne de l'infini*, Paris, Nathan, 1991, p. 8.

3. A. Bazin, *Qu'est-ce que le cinéma ?*, *op. cit.*, p. 300 ; voir aussi p. 290 le pêcheur qui se roule une cigarette dans *La Terre tremble*.

4. Il ne faut pas radicaliser cette opposition comme le fait Bazin, et Mitry a raison d'affirmer que le non montage est une forme de montage – ainsi que

Ce type de cinéma, du coup, donne une image directe du temps : au lieu de « suggérer » le temps, on « montre l'attente », dit Bazin[1]. Il délie la temporalité de son assujettissement à la narration. Délier l'événement de la chaîne narrative, c'est le faire valoir en lui-même et pour lui-même, dans la temporalité concrète au sein de laquelle il se dessine et s'affirme[2] : Bazin oppose au « temps réel des choses », qui surgit enfin dans sa plénitude, le « temps intellectuel et abstrait » que lui substituait le découpage[3].

Ce qu'on perd, par là, c'est un récit téléologique fortement structuré, une histoire qui avance avec un début, un milieu et une fin – ou bien, s'il y a bien une fin, puisqu'il faut bien que le film finisse, il n'y a pas proprement de résolution (c'est-à-dire de *telos*) et, corrélativement, il n'y a pas d'avancée ou de progrès dans le film (qu'on pense encore au *Voleur de bicyclette* ou bien au devenir de ce cinéma-là dans des films tel *L'Aventura* [M. Antonioni, 1960]).

En ce sens, le néoréalisme, pour Bazin, ne consiste pas seulement dans le fait de filmer une nouvelle réalité même si c'est aussi cela : chez Rossellini, de Sica ou Visconti, la pauvreté n'est plus un *décor* comme dans une adaptation de Dickens par Cukor ou comme dans un policier R.K.O de William Wellman avec James Cagney, c'est proprement le *sujet* du film (voir la remarquable analyse de Bazin sur *Le Voleur de bicyclette* comme film politique). Car le néoréa-

---

le montre Hitchcock dans *La Corde* (1948), où l'unique plan-séquence qui constitue le film retrouve toutefois les différents types de plan du découpage classique.

1. A. Bazin, *Qu'est-ce que le cinéma ?*, *op. cit.*, p. 66.
2. *Ibid.*, p. 60.
3. *Ibid.*, p. 80.

lisme est aussi une nouvelle manière de filmer, une autre conception du film, donc le surgissement d'une nouvelle « forme » cinématographique[1] : acteurs non professionnels, tournages en extérieurs, revalorisation du quotidien, avènement d'une nouvelle conception du montage, adoption d'un point de vue humain (contre le « point de vue divin » de la grue américaine), etc.

En ce sens, Bazin écrit que le néoréalisme, ce n'est plus la « composition »[2] (et la « séparation »[3]), mais au contraire la « division ». Puisque le cinéma « classique », écrit-il encore, fonctionne sur l'emboîtement (subordination de chaque élément au tout), le cinéma moderne, qui apparaît avec le néoréalisme, est une subordination du tout à ses parties[4] (revalorisation c'est-à-dire *affirmation* du plan).

L'événement du film néoréaliste, déconnecté de la chaîne causale qui lui donne un sens précis, c'est-à-dire délié de cet enchaînement qui lui confère son utilité, perd dès lors l'univocité liée à sa subordination à un tel déploiement, dans lequel on ne lui laisse que sa valeur symbolique ou dramatique[5]. Il retrouve du coup une sursaturation de sens, c'est-à-dire l'équivocité, l'ambiguïté constitutive de tout événement dans la vie réelle. De là le « réalisme » du « néoréalisme »[6] : retrouver ce

---

1. A. Bazin, *Qu'est-ce que le cinéma ?*, *op. cit.*, p. 340.

2. *Ibid.*, p. 333.

3. *Ibid.*, p. 318.

4. *Ibid.*, p. 354 (Bazin assimile l'emboîtement dont il est question au fait que le tout est dans chaque élément, ce qui est à notre sens une erreur et caractérise au contraire la modernité). Notons que Deleuze suit Bazin et fait commencer la modernité cinématographique avec le néoréalisme (voir *L'Image-temps, op. cit.*, chap. 2, particulièrement p. 58-59).

5. *Ibid.*, p. 189-290.

6. *Ibid.*, p. 300-301. Bazin a certes quelques formules malheureuses (parlant ici d'« objectivisme » ou p. 282 de « découpage qui respecte la

mystère, cette irrationalité ou encore cette étrangeté qui sont constitutifs de la vie en autonomisant des événements qui, dès lors, forment un trame discontinue, tout juste compréhensible[1], et possèdent tous le même poids sans qu'on puisse les hiérarchiser.

Telle quelle, une telle thèse est extrêmement contestable. En premier lieu, il n'est pas évident que ce soit dans le néoréalisme qu'on trouve une subordination du tout aux parties (*Le Voleur de bicyclette* obéit tout de même à une logique de l'action : il est ordonné autour du fil narratif de la recherche de la bicyclette). En deuxième lieu, quand bien même le néoréalisme confère aux événements une équivocité certaine, il n'est pas évident qu'il faille la lui attribuer exclusivement, c'est-à-dire assimiler le cinéma classique à une organisation téléologique telle que les événements y seraient dotés d'une pure univocité. En troisième lieu, l'analyse qui précède n'a d'intérêt que si on la prend pour ce qu'elle est, à savoir la mise en évidence de deux limites idéales auxquelles ne correspond proprement aucun film (du moins pour la stricte et univoque subordination des parties au tout).

Car il faut distinguer des types de récit et souligner que le cinéma narratif n'est pas un mais multiple, pour autant qu'il s'étend d'un type de récit le plus strict jusqu'au récit le plus lâche. Il faut d'abord remarquer que même le cinéma améri-

---

réalité »), mais sa conception n'est aucunement naïve, car cet objectivisme, qui est par définition une *reconstruction* (p. 90, 269 : il y a toujours un point de vue), consiste simplement à ne subordonner la représentation de l'événement à aucun point de vue *a priori* (p. 314, 344).

1. A. Bazin, *Qu'est-ce que le cinéma ?*, *op. cit.*, p. 279 : l'exemple de *Paisa* (R. Rossellini, 1947) où l'on ne suit pas bien la logique du récit. Voir aussi l'analyse du *Voleur de bicyclette* où Bazin souligne qu'il s'agit d'une pure *succession* d'événements sans nulle *téléologie* (p. 308-309).

cain le plus classique introduit des ruptures dans la narration, donc combine déjà deux tendances qui sont liées à l'origine même du cinéma, la narration et l'attraction. La subordination des parties au tout n'exclut donc pas un certain « jeu » de la partie, donc une certaine équivocité du sens.

Ensuite, on peut distinguer du récit classique, tel qu'il a été décrit ci-dessus, le récit souvent ouvert des films du « Nouvel Hollywood » avec, pour reprendre les formules de Deleuze, ses liens sensori-moteurs relâchés, ses rencontres hasardeuses et ses espaces déconnectés [1]. Il faut aussi souligner comment le cinéma post-moderne semble à la limite du « récit » avec ce que Laurent Jullier appelle le « film concert » [2] qui semble dissoudre le récit dans le spectaculaire. Doit-on pour autant en conclure qu'ici le tout se dissout dans ses parties ? Alors que le cinéma classique intégrait l'attraction dans la logique de l'action (pour renforcer la tension dramatique, préciser le caractère d'un personnage, introduire un rêve ou un fantasme, etc.), le cinéma post-moderne semble renverser l'équilibre entre le spectacle et le récit puisqu'il fait valoir la dimension spectaculaire pour elle-même, dans une totale gratuité. Il est vrai que le cinéma post-moderne multiplie les ruptures dans la narration. Dans *Tueurs nés* (O. Stone, 1994) par exemple, ces ruptures n'apparaissent pas seulement dans l'histoire, mais aussi dans la volonté d'utiliser tous les types d'images possibles, depuis celles du film amateur jusqu'au dispositif de sitcom en passant par le vidéo-clip. Mais il n'en demeure pas moins que ces ruptures restent des moments subordonnés à une logique qui est précisément celle de la narration : la

1. G. Deleuze, *L'Image-mouvement, op. cit.*, p. 279-284.
2. L. Jullier, *L'Écran post-moderne. Un cinéma de l'allusion et du feu d'artifice*, Paris, L'Harmattan, 1997, p. 38.

rupture, donc, est assumée par la poursuite de la narration (le moment est assumé par et dans le tout). L'autonomisation des parties est donc toute relative, dans la mesure où le moment spectaculaire est toujours enchâssé dans un récit qui, une fois l'attraction terminée, reprend ses droits [1].

En ce sens, il apparaît que la relation des parties au tout peut certes varier dans certaines limites, mais reste que le film, considéré comme un tout, n'en reste pas moins régi par un contexte causal unitaire. Il demeure du coup fidèle à un certain type de raccords entre les plans qui seuls peuvent assurer un tel contexte et qui constituent une « syntaxe cinématographique » (tels le raccord de 30° ou bien le raccord mouvement).

Le cinéma a, de fait, pris la voie du récit dès son commencement, et cette voie est liée à la mise en place d'une syntaxe dominante (la continuité de la forme relaie celle du contenu) que le spectateur interprète si spontanément qu'elle lui paraît naturelle. La théorie cognitiviste appliquée au cinéma, qui cherche à trouver des universaux dans les processus d'appréhension du film par le spectateur, soutient que la force de ces raccords, c'est-à-dire la raison pour laquelle ils se sont historiquement imposés dans le cinéma *en général* est la suivante : ils trouvent leur fondement dans la perception naturelle [2]. En somme, le cinéma s'est peu à peu réglé sur les structures de notre appareil cognitif (la règle des 30°, par exemple, trouve son origine dans l'empan des saccades oculaires, le *shot-reaction shot* dans ce que Kant nommait catégorie de la causa-

---

1. Nous ne croyons pas qu'on puisse dire, tel A. Beylot, que l'argument narratif devient plus mince qu'avant (*Le Récit audiovisuel, op. cit.*, p. 35). Il nous semble au contraire plus complexe qu'auparavant : qu'on songe à *Matrix* (A. et L. Wachowski, 1999) par exemple.

2. Voir D. Bordwell, *On the History of Film Style*, Cambridge, Harvard University Press, 1997, p. 142-147.

lité[1]). On pourrait penser que, ce faisant, les partisans d'une telle théorie affirment que le mode de représentation dominant est en partie naturel, de sorte qu'ils prendraient un *fait* pour un *droit* (à la manière de ceux qui affirment que la musique tonale, sous prétexte qu'elle a gouverné la musique et qu'elle gouverne encore la variété, a des fondements naturels). En ce sens, non seulement une telle conception dissimulerait un jugement de valeur sous un jugement de fait prétendument scientifique, non seulement elle induirait une forme de terrorisme conduisant à disqualifier d'autres types de représentation qui apparaîtraient contraires à la nature et à interdire *a priori* d'autres possibilités (puisque les possibilités naturelles sont effectives), mais elle aboutirait aussi à gommer les problèmes politiques liés à l'émergence d'un certain type de pratique cinématographique pourtant inscrit dans une société donnée. Lorsque Noël Burch écrit que, selon lui, « il s'agissait [dans *La Lucarne de l'infini*] de montrer que le mode de représentation dominant « n'a rien de naturel, ni *a fortiori* d'éternel, qu'il a une histoire et qu'il est un produit de l'histoire »[2], il souligne que « ce mode de représentation n'est pas neutre » : « il produit des sens en et par lui-même, et les sens qu'il produit ne sont pas sans rapport avec le lieu et l'époque qui l'ont vu se développer : l'occident capitaliste et impérialiste du premier quart du vingtième siècle »[3].

1. Voir, pour une présentation en langue française de cette théorie cognitiviste initiée par des chercheurs américains, L. Jullier, *Cinéma et cognition, op. cit.*, particulièrement p. 88, 91.

2. N. Burch, *La Lucarne de l'infini, op. cit.*, p. 6.

3. *Ibid.*, p. 7 (qu'on ne se méprenne pas sur Burch qui ajoute que cela n'équivaut nullement à discréditer ce mode de représentation au nom d'un prétendu « mal originaire » : « je refuse de voir un mauvais objet dans le système », p. 8).

Cela dit, la théorie cognitiviste appliquée au cinéma est plus complexe et, du coup, plus intéressante. Car elle établit des analogies entre certains traits de notre expérience perceptive et certaines caractéristiques du « mode de représentation institutionnel » (pour reprendre la formule de Burch[1]), cherchant à rendre compte, d'une part, d'un fait culturel qui, s'il a certes des causes économiques et politiques, n'y est pas réductible, et, d'autre part, de ce qu'on baptise « style invisible », comme si la formule tenait lieu d'explication (et en proposant autre chose que l'explication sommaire et insuffisante consistant à évoquer l'accoutumance et l'habitude). Davantage, rendre compte d'un fait en faisant des rapprochements avec le fonctionnement de notre appareil perceptif n'équivaut pas à en faire un droit, d'abord parce que la comparaison n'exclut pas qu'un autre type de représentation puisse tout autant (et peut-être mieux, qui sait ?) s'accorder avec cet appareil, et ensuite dans la mesure où ce mode de représentation institutionnel, exactement à la manière de la musique classique occidentale qui n'est pas fixe et figée, mais insère toujours davantage (du moins selon l'explication de Chailley) ce qu'auparavant elle rejetait comme son autre (intégration progressive des « dissonances » dans l'édifice), est en mouvement constant, ainsi qu'en témoigne la moindre comparaison entre un film des années 20 et *Tueurs nés* ou *Domino* (T. Scott, 2006).

Bref, non seulement « le mode de représentation institutionnel » n'est qu'un mode de représentation, de plus il est changeant et, enfin, il n'y a entre lui et son autre qu'une différence de degré, de sorte qu'une gradation continue mène de l'un à l'autre. Ce qui permet de penser cette différence c'est le « faux raccord » qui, s'il constitue un élément inessentiel du

1. N. Burch, *La Lucarne de l'infini, op. cit.*, p. 8.

mode de représentation institutionnel, constitue dans l'autre
mode de représentation le pivot ou l'élément essentiel.

La question n'est pas celle du faux raccord non voulu, qui
équivaut précisément, à ce titre, à une erreur ou un manque-
ment par rapport à la syntaxe cinématographique. Mais la
question n'est pas non plus celle des faux raccords insensibles
(au sens où les images, si on regarde bien, présentent des points
de vue sur un monde qui ne sont nullement compatibles, mais
qui ne sont nullement gênants dans la perception du film).
J. Douchet remarquait que, au début de *La Cinquième victime*
(F. Lang, 1955), au plan extérieur qui montre l'immeuble en
haut duquel se trouve la rédaction du journal succède une
succession de plans qui présentent, de l'intérieur, la rédaction
et donc les différents protagonistes : or il est impossible qu'on
trouve un tel espace, avec autant de bureaux et de couloirs, à un
seul étage de l'immeuble. Ou bien – exemple plus intéressant
parce qu'il nous mène à un point essentiel – Burch souligne,
au moment où les boyards espèrent la mort d'Ivan (*Ivan le
terrible*, S.M. Eisenstein, 1944), que les « trois plans rappro-
chés montrant des groupes de visage tendus », qui ouvrent la
séquence, ne sont pas raccord, car la même icône, qu'on voit
au fond dans chaque plan, change de place à chaque fois. C'est
que le but, ici, n'est pas l'unité spatio-temporelle, mais la
composition à chaque fois plastiquement satisfaisante du
cadre, de sorte qu'Eisenstein « nous impose une conception
toute personnelle de l'espace cinématographique : il crée un
espace qui n'existe qu'en fonction de la somme des plans de
cette séquence »[1]. Bref, ici, « nous n'avons plus le sentiment
d'un décor préalable dans lequel cette série de plans s'insère
tant bien que mal », parce que, au contraire, le décor « est la

1. N. Burch, *Une praxis du cinéma, op. cit.*, p. 68.

somme de toutes les visions possibles qu'on en a à travers ces plans successifs » [1].

Burch souligne, à propos des films d'Ozu, que lorsque les plans ne s'enchaînent plus « avec "naturel" », les raccords « produisent l'effet déconcertant d'une image montrée bout à bout avec son envers. On dirait que le plan se "retourne" », apparaissant comme quelque chose qui réclame d'être déchiffré, lu ou interprété : il exige « une lecture », parce que son sens n'est plus immédiatement et spontanément compréhensible [2]. Du coup, le désenchaînement de chaque plan par rapport au tout, son autonomisation lui confère une équivocité véritable qu'il avait perdu dans l'enchaînement classique, introduisant en somme un libre jeu entre les plans. Burch écrit : « Ozu interpelle symboliquement […] les […] principes fondamentaux du mode dominant de représentation à l'occident. Il interpelle […] le principe de *continuité* puisque le "faux" raccord introduit une "saute" dans le flux du montage, un moment de confusion dans le sens de l'orientation du spectateur à l'intérieur de l'espace diégétique, réclamant de lui un temps de réajustement. Il en résulte un effet de hiatus qui souligne la nature disjonctive du changement de plan, que l'élaboration des "règles du montage" avaient perpétuellement oblitérée » [3].

1. N. Burch, *Une praxis du cinéma*, *op. cit.*, p. 68.

2. N. Burch, *Pour un observateur lointain. Forme et signification dans le cinéma japonais*, trad. fr. J. Queval, Paris, Gallimard-Les cahiers du cinéma, 1982, p. 185. Burch souligne, à propos des plans dans le cinéma classique : « chacun de ces signifiants *d'infrastructure* n'exprimait qu'un seul sens ; et chacun étant comme enclavé, comme scellé dans cette chaîne au moyen de la *concaténation bi-univoque* » (p. 104). On voit comment tout ceci est proche de ce que dit Bazin.

3. *Ibid.*, p. 174.

On ne dira pas toutefois qu'il n'y a plus de tout, puisqu'il y a bien un film et donc une unité et plus précisément une totalité – donc au moins un tout virtuel du film, une attente d'un tout. Mais ce tout, comme dans l'exemple d'*Ivan le terrible*, n'est pas considéré comme donné, de sorte que chaque plan ne ferait que se régler sur lui comme sur l'unité spatio-temporelle d'un monde préexistant. Ce tout n'a plus de fixité, d'immutabilité, puisque, devenu fluide, liquide, il se transforme dans chaque plan et n'existe plus que comme une virtualité construite par chaque plan, et aussitôt déformée par le plan d'après (autono-misation véritable c'est-à-dire radicale des parties : le tout n'existe désormais que dans les parties qui l'expriment et le transforment en l'instituant).

On pense évidemment à Godard. *Pierrot le fou* constitue sans doute l'exemple le plus connu d'une telle fragmentation, qui cultive à tous les niveaux et à un tel point la rupture qu'il n'est plus légitime de parler de récit :

1) fausse ordonnance apparente au moyen de chapitres dont l'ordre est incohérent ;

2) passage brutal d'un genre à un autre (le genre étant institué au moyen des clichés visuels qui le caractérisent) ;

3) confusion (collusion) de la réalité et de la fiction (autoprésentation des figurants, adresses à la caméra) ;

4) absence de motivations des actions et ambiguïté de personnages qui sont doubles (Pierrot-Ferdinand, la femme amante et traîtresse) : il n'y a plus ici de lien causal entre les actions et les événements (on voit la différence entre le héros du *Voleur de bicyclette* et les personnages de ce film qui ne cherchent rien : « qu'est-ce que je peux faire ? J'sais pas quoi faire »).

Ici, du récit, on évacue tout, de sorte qu'il ne reste plus que la forme du récit en général et ses signes extérieurs (à la manière des signes extérieurs des genres traversés par le film) :

non seulement il n'y a aucun indice d'un quelconque *flash-back* et les plans n'appartiennent à personne, n'étant donc pas l'image subjective de quelqu'un qui se souvient, mais les différents temps coexistent dans la même image, puisqu'ils sont somme toute représentés par les trois protagonistes (l'homme l'a rencontrée, la femme le rencontrera et le mari voit qu'ils se rencontrent quand l'homme lui dit : « souvenez-vous l'année dernière à Marienbad »). « L'essentiel apparaît [...] si l'on considère un événement terrestre qui serait supposé se transmettre à des planètes différentes, et dont l'une le recevrait en même temps (à la vitesse de la lumière), mais l'autre, plus vite, et l'autre encore, moins vite, donc avant qu'il se soit fait, et après. L'un ne l'aurait pas encore reçu, l'autre l'aurait déjà reçu, l'autre le recevrait, sous trois présents simultanés impliqués dans le même univers. Ce serait un temps sidéral, un système de relativité, où les personnages seraient moins humains que planétaires, et les accents moins subjectifs qu'astronomiques, dans une pluralité de mondes constituant un univers »[1].

Il demeure que, dans ces deux cas, c'est d'une manière explicite que la structure formelle du film se donne, non pas seulement comme une déconstruction du récit cinématographique traditionnel, mais surtout comme l'affirmation d'un nouveau type de construction dont toute la question est précisément de savoir s'il relève encore de la narration et du récit, puisque, si le récit en général obéit à une chaîne causale dans laquelle des actions et événements produisent des conséquences dans un temps qui apparaît indirectement (à travers l'enchaînement causal) dans sa linéarité, ici c'est le temps qui, d'une manière directe (c'est-à-dire à titre de principe de

---

1. G. Deleuze, *L'Image-temps*, *op. cit.*, p. 134.

l'enchaînement), met en rapport des événements (passés, présents et futurs, et, du coup, effectifs et possibles) qui ne se soumettent plus à aucune relation causale. Genette écrit, à propos de «certaines formes du roman contemporain qui sont apparues tout d'abord comme des tentatives pour libérer le mode descriptif de la tyrannie du récit», que par exemple «l'œuvre de Robbe-Grillet apparaît peut-être davantage comme un effort pour constituer un récit (une histoire) par le moyen presque exclusif de descriptions imperceptiblement modifiées de page en page »[1] – mais un « effort pour constituer un récit», ce n'est précisément pas un récit! Il est pourtant clair que, selon le point de vue choisi, on peut majorer la continuité ou la rupture, l'identité ou la différence, de sorte que ce qui peut apparaître dans un cas comme n'étant pas un récit peut, dans l'autre, sembler une nouvelle forme de récit. Ainsi Deleuze écrit-il, à propos de l'œuvre cinématographique de Robbe-Grillet : «on ne croira pas qu'elle supprime toute narration. [...] la narration va consister à distribuer les diffé-rents présents aux divers personnages, de sorte que chacun forme une combinaison plausible, possible en elle-même, mais que toutes ensemble soient "incompossibles", et que l'inexplicable soit par là maintenu, suscité »[2].

Il est du coup intéressant d'examiner les films dans lesquels les images successives se donnent d'autant moins comme étant au passé qu'elles s'inscrivent explicitement dans un temps linéaire. Pourquoi, dans *La Porte du paradis*, a-t-on malgré toute la linéarité de l'histoire l'impression constante que l'image est au passé? Il y a à notre sens trois raisons. La première tient à la *forme* (au sens musical de ce mot) du film.

1. G. Genette, *Figures II*, Paris, Seuil, 1969, p. 59.
2. G. Deleuze, *L'Image-temps*, *op. cit.*, p. 133.

C'est que, entrant dans le genre western, le film appartient par définition, au moment où il surgit, à un genre mort, à un genre du passé, à la manière d'un revenant. La deuxième raison est *structurelle* : le film présente des longs mouvements de caméra, souvent circulaires, comme dans le prologue, la fête de la remise des diplômes, qui insère les actions individuelles dans une agitation et un foisonnement, ou bien dans la description de la ville avec son grouillement, ou encore dans la scène du bal sur patins à roulettes, filmée en sépia. Ces mouvements, analogues à ceux qu'on trouve dans les films de Visconti, ont la même fonction : celle d'une déréalisation d'une image qui présente certes un présent, mais qui, comme dirait Deleuze, est déjà passé au moment même où il se produit (à la manière du moment de bonheur qu'est le bal en sépia, comme si la nostalgie inscrite dans le présent lui-même le désinvestissait de sa charge de présent). La troisième raison tient au *récit*, dont les péripéties sont parfois allusives (les motivations des personnages restant par ailleurs ambiguës, comme si l'important était ailleurs), et qui est centré sur le personnage de James Averill, lequel évoque, vieilli et avec nostalgie, à la toute fin du film qui est aussi la fin de sa vie, un passé qui n'est plus.

Deleuze donne comme exemple les films de Welles, le « maître de l'image-temps »[1]. Dans des films comme *Citizen Kane* et *Monsieur Arkadin* (1955)[2], le récit possède une

---

1. G. Deleuze, *L'Image-temps*, *op. cit.*, p. 359.

2. La différence entre les deux films, fondés sur le même principe de reconstruction du passé d'un individu à partir du témoignage de ceux qui l'ont connu et après qui court pendant tout le film le protagoniste principal, est la suivante : si le flash-back « efface toute trace sensible » de la voix de celui qui raconte dans *Citizen Kane* (M.C. Ropars, « Narration et signification », *Le Cinéma américain*, R. Bellour (dir.), Paris, Flammarion, 1980, p. 11), le récit des personnages de *Monsieur Arkadin* ne s'actualise jamais dans une image.

cohérence et une continuité (dans les deux cas une enquête sur un homme, sous forme de rencontre, chaque personnage rencontré représentant une « zone de passé » de celui sur lequel porte l'investigation). En ce sens, une lecture « linéaire » soulignera comment les trous, les ellipses et les renversements dans l'ordre temporel de l'histoire sont interprétés par le spectateur – et, davantage, comment « il nous faut justifier les manipulations temporelles par le tout-puissant principe de causalité » [1], au sens où c'est précisément l'enchaînement causal unitaire qui permet de comprendre et de reconstituer l'éparpillement temporel du récit.

Ce qui frappe dans *Citizen Kane*, c'est moins le statut du temps que celui de l'espace : profondeur de champ et surtout distorsion fréquente des rapports spatiaux dans un plan au moyen de trucages ou au moyen du type d'objectif utilisé. Mais la cohérence du monde spatial est d'autant moins menacée (il ne s'agit pas de distordre l'espace pour faire perdre ses repères au spectateur) que la distorsion agit ici à titre de métaphore et surtout qu'elle surgit au sein d'une séquence qui, à ce titre, possède une unité spatio-temporelle nettement déterminée (par opposition, on a pu souligner que, dans *Citizen Kane*, les longues ellipses temporelles sont systématiquement exprimées par des raccords de continuité [2]). La fonction de ces distorsions n'est autre que celle-ci : l'espace devient une figuration du temps. Lorsque l'ami journaliste de longue date, Leland, raconte à l'enquêteur ses relations avec Kane, et qu'on voit celui-ci rejoignant celui-là en traversant l'espace déformé, étiré, des locaux du journal dans lesquels ils travaillent, le

1. D. Bordwell et K. Thompson, *L'Art du film. Une introduction, op. cit.*, p. 127.

2. Voir V. Amiel, *Esthétique du montage, op. cit.*, p. 36.

présent du flash-back coexiste avec un autre temps, celui que Kane traverse (« il occupe une place dans le temps plutôt qu'il ne change de place dans l'espace »), comme si la rupture, qui va avoir lieu, avait déjà eu lieu : l'espace qui les sépare, c'est le temps qui les a désunis, chacun dans sa propre temporalité et ne se rejoignant que pour assumer cette rupture. Il en va de même dans la dernière scène de *La Dame de Shanghai* (1948) : la contre-plongée déforme l'espace, de sorte que, derrière l'héroïne en train de mourir face à la caméra, le marin qui, au second plan, s'en va jusqu'à la porte semble parcourir un territoire immense – figuration et spatialisation de la rupture temporelle : non seulement ils ne sont déjà plus dans la même temporalité, puisqu'ils se séparent après qu'elle a montré son vrai visage, mais elle reste, face à nous et mourante, dans la solitude la plus absolue.

Autrement dit, il y a deux ordres temporels qui cohabitent dans ces films de Welles. À côté d'une structure qui soumet le temps au mouvement (enchaînement causal), ainsi que cela apparaît particulièrement dans la clarté de l'enchaînement des séquences, il y a une autre structure qui « subordonne le mouvement au temps »[1] et qui fait apparaître celui-ci, non pas simplement d'une manière indirecte dans le lien des images (montage), mais dans la structure de l'image elle-même (la déformation des liens spatiaux) – comme un temps originaire où le passé colle à lui-même, avant même d'être le souvenir *de quelqu'un*, et qui précisément donne naissance au souvenir c'est-à-dire à la succession des présents.

On s'aperçoit déjà que l'image-temps n'est pas une, mais qu'il y a autant de types d'images-temps qu'il y a de possibilité de sortir du présent naïf de l'image. Dans *India Song*, par

1. G. Deleuze, *L'Image-temps, op. cit.*, p. 139.

exemple, le travail par lequel l'image est arrachée au présent
tient essentiellement, outre à la lenteur des déplacements et
des gestes (comme si les personnages étaient déjà morts), à la
raréfaction et à la fixité des plans, mais aussi au rapport entre
l'image et le son. Ce sont les deux voix-off qui se souviennent
et qui font émerger l'image comme telle : aux longs plans fixes
sur des lieux désertés, où a eu lieu une histoire dont on voit
seulement les traces, s'entremêlent les images de cette histoire,
mais comme si ces images n'étaient que l'écho d'une histoire
véritable. Cela posé, l'image n'est pas la conséquence du son
au sens où elle n'est pas réductible à un souvenir des voix,
comme en témoigne le fait que les voix se souviennent de ce
qui arrive, n'a pas encore eu lieu et donc les surprend dans sa
nouveauté, acquérant par là une intemporalité qu'elles ne
doivent qu'à l'image qui, dans un étonnant chassé-croisé, ne
peut correspondre en retour à aucun présent (particulièrement
celui du souvenir). À cet égard, si la scène du bal où se
rencontrent le vice-consul et Anne-Marie Stretter n'est pas
seulement le centre du film, mais son pivot, c'est parce qu'elle
arrive au plus près de la coïncidence entre les voix et l'image
que toutefois elle n'atteint pourtant pas : si, à ce moment-là, le
seul, ce sont bien les voix de ceux qu'on voit qu'on entend, ces
voix sont « décadrées », « dévissées » des corps, comme si le
présent dans sa réalité effective (des voix synchrones avec le
mouvement des lèvres) était ce qu'on visait, mais sans jamais
l'atteindre.

Deleuze distingue trois types d'image-temps. Les deux
premiers sont très proches et ont déjà été évoqués à travers des
exemples. Le premier type d'image-temps est celui dans lequel
coexistent les nappes de passé, comme dans *Citizen Kane* et

Monsieur Arkadin, où « plan long et profondeur de champ »[1] figurent ces nappes de passé dans lesquelles quelqu'un va puiser l'image-souvenir (le flash-back)[2]. Le deuxième type d'image-temps est celui où coexistent les différentes pointes de présent à la manière de mondes incompossibles, comme dans *L'Année dernière à Marienbad* ou plus largement l'œuvre de Robbe-Grillet : « il n'y a jamais chez lui succession des présents qui passent, mais simultanéité d'un présent du passé, d'un présent du présent, d'un présent du futur, qui rendent le temps terrible, inexplicable. La rencontre de *L'Année dernière à Marienbad*, l'accident de *L'Immortelle* (1962), la clé de *Trans-Europ express* (1966), la trahison de *L'Homme qui ment* (1968) : les trois présents se substituent, se recréent, bifurquent et reviennent »[3]. Mais il y a un troisième type d'image-temps, qui se distingue des deux autres : « les deux précédentes en effet concernaient l'*ordre du temps*, c'est-à-dire la coexistence des rapports ou la simultanéité des éléments intérieurs au temps. La troisième concerne la *série du temps*, qui réunit l'avant et l'après dans un devenir, au lieu de les séparer »[4]. Deleuze donne comme exemple ce qu'on appelle le « cinéma direct » ou cinéma vérité », dont les films d'abord de Rouch puis de Perrault constituent les grands exemples (Brault, jamais mentionné par Deleuze, faisant la liaison entre les deux, puisqu'il a collaboré avec Rouch en 1962 avant de co-réaliser *Pour la suite du monde*, le premier volet de la trilogie de l'Ile-aux-Coudres de Perrault).

1. G. Deleuze, *L'Image-temps, op. cit.*, p. 139.

2. *Ibid.*, p. 138 : « Et la première fois qu'une image-temps directe apparut au cinéma, […] ce fut sous la forme des nappes de passé, avec *Citizen Kane* ».

3. *Ibid.*, p. 133.

4. *Ibid.*, p. 202.

Il y a quelque chose d'identique dans la structure de *Pour la suite du monde* et de *Moi, un noir* (J. Rouch, 1957). Dans les deux cas, le film possède une dimension documentaire, mais relève d'une même stratégie. L'idée qui préside à cette stratégie, c'est qu'il n'y a pas d'objectivité dans une simple monstration prétendument impartiale. D'où l'introduction de la fiction dans le documentaire, comme moyen précisément d'atteindre une réalité qui ne se donne jamais d'elle-même, toute nue. Perrault déclare à propos du film qu'il cherchait « une autre possibilité : un dialogue qui ferait avancer l'action ... mais il fallait trouver une action. [...] Déclancher une telle action, faire en sorte que les événements se produisent devant moi et non pour moi, mais entre eux ou entre nous, et j'obtenais non plus un récit mais l'acte... non pas un témoignage mais la vie elle-même. C'est alors que j'ai songé au marsouin » [1]. Deux éléments sont remarquables.

1) C'est le récit lui-même qui produit l'histoire, puisque c'est Perrault qui lance l'idée de ressusciter la pêche au marsouin, abandonnée par les habitants de l'Ile-aux-Coudres.

2) Voilà pourquoi le récit n'est pas extérieur à l'histoire (« mais entre eux ou entre nous »), puisque le point de vue occupé par celui qui filme n'est pas extérieur, mais intérieur au récit (on verra une démarche analogue dans le film de Rouch, qui apparaît déjà dans le titre du film renvoyant au devenir-noir de Rouch) : le point de vue de la caméra, c'est donc celui d'un témoin qui participe à l'histoire puisqu'il en a précisément donné l'idée, laissant ensuite les habitants organiser leur propre mise en scène de cette pêche : après l'action du cinéaste sur ceux qu'il observe, la réaction (imprévue) de ceux qu'il observe sur lui (de là l'idée d'un « cinéma direct » ou « vérité »).

1. Interview de P. Perrault, *Image et son*, n° 183 (avril 1965).

Le film, donc, raconte la pêche dans toute ses étapes, d'un simple projet hypothétique qui se trouve accepté par la communauté, aux débats qu'il occasionne (à quand remonte la pêche au marsouin?) jusqu'à sa réalité en passant par ses préparatifs, et entrecoupe le progrès de l'action par une description des activités de ce monde traditionnel québécois lié à la succession des saisons (modes de vie, traditions, prières, danses). Or, comme cette pêche est une fiction qui devient réalité avec la progression du film (il n'y aurait pas eu de pêche sans le film), « l'alternative réel-fictif est complètement dépassée »[1] : filmer la fiction en train de s'instituer, c'est non seulement faire de la fiction la limite de la réalité dans sa quotidienneté, mais c'est aussi inversement rendre fictionnel cette quotidienneté parce que la frontière entre les deux bouge tout le temps et que chacune des deux dimensions est indissociable de l'autre. La caméra, « au lieu de tailler un présent, fictif ou réel, rattache constamment le personnage à l'avant et à l'après qui constituent une image-temps directe »[2].

Moi, un noir s'inscrit dans les « cinéfables-vérité »[3] de Rouch (que ce soit la fiction improvisée par le film ou bien celle qui est constitutive du « théâtre » de la possession). Il s'agit de filmer le quotidien de trois jeunes nigériens à Abidjan à la recherche de travail. L'autre de ce quotidien, c'est la fiction, représentée par le cinéma hollywoodien, ses acteurs et ses personnages. Or, les jeunes nigériens filmés par Rouch se donnent des pseudonymes mythiques (Edward G. Robinson,

---

1. G. Deleuze, *L'Image-temps, op. cit.*, p. 198.

2. *Ibid.* Rappelons que le dernier film de Welles, le « faux documentaire » *Vérités et mensonges* coréalisé par F. Reichenbach (1975), relève de ce type d'image.

3. F. Nimey, *L'Épreuve du réel à l'écran. Essai sur le principe de réalité documentaire*, Bruxelles, de Boeck, 2002, p. 160.

Eddy Constantine ou Lemmy Caution, Dorothy Lamour), et la
réalité, du coup, se met à fictionner, comme lorsque Edward
G. Robinson se met à fabuler sa propre existence en s'adres-
sant à Petit Jules : « J'ai tout fait dans la vie ! Tu sais Petit Jules
que j'ai fait la guerre, j'ai fait la guerre d'Indochine. J'ai fait,
j'ai tué les Viet-minhs à la mitraillette, au couteau, avec tout, à
la grenade ». Bref, Rouch « fait de ses amis du Niger non pas un
sujet d'observation exotique mais les sujets de leur propre
histoire jouant avec lui une histoire au présent, celle du film en
cours » [1].

Étant donné que, ainsi que le remarque Rouch, la modification par l'observateur de ce qu'il observe est le corrélat
d'une modification de l'observateur lui-même, il faut, sinon
retrouver ce naturel perdu par l'observation, du moins produire autre chose. L'introduction de la fiction inventée par les
personnages eux-mêmes signifie, non seulement le dévoile-
ment d'autant plus fort d'une réalité du personnage qu'il
s'invente une autre vie, mais aussi une nouvelle position de
l'observateur et donc du réalisateur. Car un tel dispositif
permet l'apparition de caractéristiques esthétiques qu'on ne
trouve pas dans les documentaires prétendument objectifs
(lesquels, puisqu'ils ne s'appuient pas sur l'hypothèse de la
fiction, gomment les accidents techniques [2]).

Non seulement la voix-off de Rouch inscrit l'observateur
dans le monde de la diégèse (« c'est dans les rues d'Abidjan
que j'ai rencontré pour la première fois E.G. Robinson »), mais
le cinéaste, au moyen de la caméra portée, s'identifie à son
acteur-narrateur. C'est là le sens profond de l'expression

---

1. F. Nimey, *L'Épreuve du réel à l'écran, op. cit.*, p. 160.

2. *Ibid.*, p. 161 (voir particulièrement les remarques de J.A. Fieschi citées
par l'auteur).

inventée par le réalisateur, celle de « ciné-transe », dont le sens n'est certainement pas réductible à un cinéma qui filme la danse des possédés (*Les Maîtres fous*; *Les Tambours d'avant*, 1972), puisqu'il équivaut avant tout à l'avènement de la position inédite, corollaire de cette nouvelle forme de documentaire (ou de fiction), celle de l'état du filmeur possédé par ce qu'il filme (de là le titre *Moi, un noir*).

On comprend désormais en quel sens l'image-temps, du moins dans une de ses formes, consiste à «faire passer à l'intérieur du film ce qui est avant le film, et après le film, pour les sortir de la chaîne des présents ». Saisir dans *Pour la suite du monde* les pêcheurs, c'est saisir les habitants de l'île (et on les saisira d'autant mieux dans leur statut quotidien qu'on les laisse fictionner). De même, dans *Moi, un noir*, l'horreur d'un monde qui n'offre aucun possible, lorsque le protagoniste principal rêve tout haut d'«être un homme heureux, comme tous les hommes », apparaît d'autant plus qu'il ne cesse *aussi* de s'inventer une autre vie, celle d'un homme heureux.

Mais ce passage d'un monde à un autre, d'un homme à l'autre, c'est aussi ce par quoi la suite empirique des images se manifeste comme une série qu'on fait passer à la limite. « Une série, c'est une suite d'images, mais qui tendent elles-mêmes vers une limite »[1]. Dans *Moi, un noir*, la succession d'images dans lesquelles E.G. Robinson advient comme personnage est aussi une série dans laquelle l'avant et l'après, c'est-à-dire l'acteur Oumarou Ganda apparaît comme limite de la série (« J'ai fait, j'ai tué les Viet-minhs à la mitraillette, au couteau, avec tout, à la grenade. […] J'ai resté à Ceylan, ça ne m'a rien servi Petit Louis. J'ai tout fait! Tout! Tout! Tout! Mais rien ne

---

1. G. Deleuze, *L'Image-temps*, *op. cit.*, p. 359.

m'a servi. [...] Tout sera derrière. C'est la vie. Tout cela ne fait
rien. Nous ne sommes pas heureux »).

On sait que Rouch fut une figure importante pour les
cinéastes de la «nouvelle vague» et particulièrement pour
Godard. Ce n'est pas par hasard, dans la mesure où les films
de celui-ci retrouvent cette structure qui fait passer l'avant
et l'après dans l'image, comme sa limite, instaurant un
type d'image-temps qui ne passe ni par la coexistence des
nappes du passé ni par celle des pointes de présent, mais
par «un devenir comme potentialisation, comme série de
puissances »[1], où l'on est sans cesse renvoyé, *dans la même
image*, d'un monde à l'autre.

On songe évidemment à l'adresse au spectateur de
Belmondo dans *À bout de souffle* (1959) ou *Pierrot le fou*, aux
figurants qui se présentent à un moment donné dans *Pierrot le
fou*, ce qui ne relève pas seulement de la question de l'autoréfé-
rence c'est-à-dire de la mise en évidence par le film de ses
propres conditions de possibilité, mais aussi, du même coup,
d'une forme nouvelle de temporalité par laquelle l'avant et
l'après du film surgissent dans son présent comme un prolongement de l'image. Mais on pense aussi et surtout à l'ambiguïté des interviews des enfants de Marx et de Coca-cola dans
Masculin féminin, mêlant sans cesse la réalité et la fiction, le
personnage et l'acteur, chacun des deux plans devenant la
puissance de l'autre suivant la manière dont on lit la série des
images, raison pour laquelle les frontières se déplacent sans
cesse : est-ce un acteur qui invente devant nous son personnage ou bien un personnage qui laisse transparaître l'idiosyn-
crasie de l'acteur qui l'incarne ? « La méthode ne peut se développer qu'au sens où la caméra ne cesse d'atteindre dans les

---

1. G. Deleuze, *L'Image-temps*, *op. cit.*, p. 360.

personnages un avant et un après qui constituent le réel, au point même où la fabulation s'élance. "Savoir ce qu'ils étaient avant d'être placés dans le tableau, et après…" »[1].

Nous comprenons mieux ce qui, selon Deleuze, caractérise l'image-temps. Puisque le second volume de l'œuvre deleuzienne sur le cinéma s'ouvre avec la rupture du schème sensori-moteur (la perception d'une situation ne se prolonge plus en action, mais laisse place à une image optique et sonore pure), on pourrait croire que tout ce qui ne relève plus du schème sensori-moteur entre dans l'image-temps. Mais ce n'est pas le cas, dans la mesure où le néoréalisme, avec lequel surgit cette rupture selon Deleuze qui sur ce point reprend Bazin (on l'a vu), relève davantage de l'avènement d'une image mentale que d'une image-temps[2]. Qu'« il ne suffise pas d'éliminer la fiction, au profit d'une réalité brute » pour faire advenir une image-temps, tel est le cas dans *Le Voleur de bicyclette*, où il s'agit simplement de distendre l'intervalle entre la perception de la situation et l'action (ou réaction) sans rompre véritablement avec l'enchaînement moteur[3] – ce qui n'est ni mieux ni moins bien, mais tout simplement autre chose. Mais « pour que l'image-temps naisse, […] il faut que l'image actuelle entre en rapport avec sa propre image virtuelle en tant que telle, il faut que la description de départ se dédouble, "se répète, bifurque, se contredise". […] Nous ne sommes plus dans la situation d'un rapport de l'image actuelle avec d'autres images virtuelles, souvenirs ou rêves, qui dès

1. G. Deleuze, *L'Image-temps*, *op. cit.*, p. 201, cite à nouveau mais dans un autre contexte l'interview de Godard dans *Le Monde* du 27 mai 1982 : à propos de *Passion* (1982), film dans lequel un réalisateur incarné par J. Radziwilowicz cherche à filmer des tableaux vivants (comme si le problème était redoublé).

2. *Ibid.*, p. 7-8.

3. *Ibid.*, p. 357.

lors s'actualisent à leur tour : ce qui est encore un mode
d'enchaînement »[1].

C'est pourquoi l'image-temps ne peut apparaître qu'avec
ce que Deleuze appelle des « mouvements aberrants » ou des
« mouvements anormaux », par quoi l'unité de l'enchaînement
causal des situations et des actions se trouve niée (et non pas
seulement perturbée : le cinéma de voyant qui se substitue au
cinéma d'actant avec la rupture du schème sensori-moteur).
C'est exactement ce qu'écrit Deleuze juste avant le texte que
nous commentons : « Si le mouvement normal se subordonne
le temps dont il nous donne une représentation indirecte, le
mouvement aberrant témoigne pour une antériorité du temps
qu'il nous présente directement, du fond de la disproportion
des échelles, de la dissipation des centres, du faux raccord des
images elles-mêmes »[2].

Certes, le chemin qui mène de l'image-mouvement à
l'image-temps est continu : « entre l'image-mouvement et
l'image-temps il y a beaucoup de transitions possibles, de
passages presque imperceptibles, ou même de mixtes »[3]. Ces
mixtes, ce sont les lieux dans lesquels le temps se spatialise,
mais d'une manière telle que pourtant on ne rompt pas avec
l'enchaînement causal où l'image passe linéairement d'un
présent (qu'elle fait à chaque fois tomber dans le passé) à un
autre. S'il est vrai que Proust, dans le « bal de têtes » qui clôt *Le
Temps retrouvé*, « parle alors en termes de cinéma, le Temps
montrant sur les corps sa lanterne magique et faisant coexister
les plans en profondeur »[4], c'est parce que le narrateur prend

1. G. Deleuze, *L'Image-temps, op. cit.*, p. 358.

2. *Ibid.*, p. 54.

3. *Ibid.*, p. 354.

4. C'est une citation quasi littérale du dernier volume d'*À la recherche du
temps perdu* (*Le Temps retrouvé*), *op. cit.*, p. 924 : « [...] le Temps, le Temps qui

conscience du temps et le perçoit, mais pour autant qu'il est figuré par l'espace qu'il distord et défigure en lui donnant des contours et des formes nouvelles. Ce sont les visages de tous les gens au bal, dont le narrateur croit d'abord qu'ils sont déguisés avant de se rendre compte qu'ils portent simplement l'empreinte du temps passé et donc figuré : « en effet, quelques riens avaient beau me certifier que c'était bien Argencourt qui donnait ce spectacle inénarrable et pittoresque, combien d'états successifs ne me fallait-il pas traverser si je voulais retrouver celui de l'Argencourt que j'avais connu, et qui était tellement différent de lui-même, tout en n'ayant à sa disposition que son propre corps ! » [1].

Dans *La Recherche*, le temps ne cesse de se spatialiser : c'est évidemment le goût de la madeleine qui, trempée dans le thé, fait ressurgit tout un Combray disparu avec la tante Leonie, les asperges de Françoise ou le chien de Madame Sazerat, mais ce sont aussi les automobiles opposées aux attelages, les changements de mobilier ou encore de mode vestimentaire. À la fin de *Swann*, la prise de conscience du temps qui passe, c'est-à-dire essentiellement la nostalgie, la saisie du passé comme perdu et donc la différence entre ce qui est là, devant moi, et le passé irrémédiablement perdu, relève de la perception visuelle du bois, de la prise de conscience certes que c'est le même bois que celui d'avant (« on distinguait comme sur une carte en couleur Armenonville, le Pré Catelan, le Champ de courses, les bords du Lac » [2]), mais aussi qu'il y a

d'habitude n'est pas visible, pour le devenir cherche des corps et, partout où il les rencontre, s'en empare pour montrer sur eux sa lanterne magique ».

1. M. Proust, *Le Temps retrouvé, À la recherche du temps perdu, op. cit.*, vol. III, p. 922.

2. M. Proust, *Du côté de chez Swann, À la recherche du temps perdu, op. cit.*, vol. I, p. 423.

quelque chose qui est changé, qui n'est plus pareil (les femmes au « tuniques gréco-saxonnes », les hommes qui sortent « nu-tête »[1], les automobiles[2], etc.).

Si l'on trouve un équivalent d'une telle conception proustienne au cinéma, par quoi l'image se dédouble à nouveau, dédoublement qui ne relève pas d'une multiplicité (comme si l'image devenait deux) parce qu'il s'agit d'un inter-valle de l'image elle-même, d'un devenir de l'image ou d'un possible auquel elle renvoie, ce n'est certainement pas dans *Un dimanche à la campagne* (B. Tavernier, 1984), contrai-rement à ce que prétend Y. Landerouin[3], mais c'est encore dans Welles, le Welles de *La Splendeur des Amberson* (1942), film proustien par excellence.

La Splendeur des Amberson commence comme le livre de Proust : de même que Combray sort de la tasse de thé dans son statut d'image-souvenir, c'est la ville de Midland toute entière, avec ses rues, ses habitants, ses commerces et ses attelages qui émerge de la maison des Amberson comme son prolongement. Mais, de même qu'à la fin de *Swann* c'est la perception du bois qui fait écho à un monde perdu, de même qu'à la fin du *Temps retrouvé* le visage vieilli d'Argencourt renvoie à celui qu'il a été et le ressuscite (une fois qu'on l'identifie comme tel), à la fin des *Amberson* c'est la perception du monde présent, dans sa parfaite symétrie inversée par rapport au monde du commen-cement, qui renferme un avant comme son harmonique (un avant qui est aussi un ailleurs pour autant qu'il n'existe pas autrement que dans sa figuration) : le monde de la décadence

---

1. M. Proust, *Du côté de chez Swann*, *op. cit.*, p. 425.

2. *Ibid.*, p. 426.

3. Y. Landerouin, « Adapter Proust à l'écran : à propos d'une deuxième voie », *Bulletin Marcel Proust*, n° 52 (2002), p. 109-113.

des Amberson, où triomphent les voitures et l'industrialisation (les usines, le train, le bruit), ce monde que Georges, vieilli, diminué et raté, a toujours refusé, fait écho au monde de la splendeur des Amberson, monde révolu qui n'est plus qu'un souvenir, celui du grand calme d'avant l'industrialisation, des calèches et des chevaux, lorsque Georges était plein de l'arrogance et de la vitalité propres à la jeunesse [1].

On pourrait multiplier les exemples à l'envie. Mais on se contentera d'en donner deux. Dans *Les Parapluies de Cherbourg* (1964), ce n'est pas seulement l'image de la laverie qu'on installe à la place du magasin de parapluies, mais aussi celle de la station essence moderne sur laquelle se conclut le film, enneigée comme une fausse fin heureuse à la manière d'un « film de Noël » (de Capra aux *Gremlins* de J. Dante, 1984), qui se prolongent dans l'image d'un autre monde possible, effectif mais passé (non actuel) (ce n'est pas par hasard si le thème passe en mineur, au sens littéral). C'est même entre les films que Demy crée des harmoniques, puisque le plan sur le passage Pommeraye renvoie à *Lola* (1961), comme dans *Une chambre en ville* (1982), film qui renvoie par ailleurs tout entier comme un prolongement possible aux *Parapluies de Cherbourg*, dont il est une version réaliste et *trash*, avec son image aux dominantes vertes et ses personnages rongés par les

---

1. Dans *Une histoire immortelle* (O. Welles, 1969), le présent de l'image lié au triomphe de Monsieur Clay renvoie sans cesse à un avant (la gloire et la jeunesse de Virginie) qui est aussi un après (la mort de Monsieur Clay comme vengeance), *structure* même du film qui trouve sa figuration 1) dans une histoire qu'on raconte mais qui n'a jamais été vécue et qui donc n'a pas d'image (et, inversement, après avoir été vécue sous nos yeux elle ne se prolongera dans aucun récit puisqu'elle ne sera jamais racontée); 2) dans la présence même de Virginie dans la maison, où le passé qu'elle a été coïncide virtuellement avec le présent (« j'ai dix-sept ans »).

problèmes sociaux (l'amant), l'alcool (la mère), le sexe (la femme) et le ressentiment (le mari).

Tel est aussi le sens des longs travellings de Visconti et, plus largement, de sa manière d'articuler de longs plans descriptifs. Si *Ludwig* (1972) est, non seulement de fait, mais de droit, le substitut d'une adaptation de l'œuvre de Proust, c'est parce qu'il construit une image qui renvoie sans cesse à de telles virtualités. Étant donné que le film historique, par définition, relève d'un appauvrissement du sens de l'image, enchaînée *a priori* a une univocité impliquée par le fait que nous savons où cela va aller (comment ça va finir), il faut sans cesse la doter d'une virtualité qui la double d'un autre sens (où ça aurait pu mener, comment ça aurait pu finir). C'est le sens de la grande scène inaugurale, qui se conclut précisément lorsque Louis II traverse la porte et passe dans l'espace public (le couronnement demeure hors champ), parce que tout le monde connaît l'Histoire. Il s'agit de passer dans les coulisses, dans l'intimité – on pourrait dire : faire fictionner l'Histoire. Si le film fonctionne comme le heurt sans cesse reproduit du rêve et de la réalité, des multiples virtualités et d'un actuel immuable, de l'histoire et de l'Histoire, c'est parce que la plupart des personnages apparaissent comme ce qui vient introduire l'Histoire, la réalité avec son sens univoque, en lieu et place des virtualités multiples – ou, d'un autre point de vue, que Louis II apparaît comme celui qui introduit ces virtualités dans la réalité univoque à laquelle il se heurte constamment. Ou bien cela apparaît dans le passage d'un moment à l'autre (de la ballade nocturne avec Élisabeth, le grand rêve « trista-nien », au moment où celle-ci vient lui demander des comptes sur l'île aux roses), ou bien cela apparaît comme virtualité de l'image elle-même (Élisabeth disant « mais tu veux faire de la Bavière un pays de musicien », la reprise sonore de la phrase « *Tristan* est un océan de bonheur qui bouleverse nos cœurs » quand Élisabeth s'en va[1]). Lorsque l'acteur Kainz est reçu par Louis II dans la grotte de Linderhof, que celui-ci s'approche du rivage dans sa barque qui glisse sur l'eau pendant qu'on entend la mélancolique « Romance à l'étoile » du *Tannhäuser*, qu'il en sort et reste au bord de l'eau, jetant du pain à ses cygnes, l'acteur, lorsqu'il le rejoint, passe, dans l'éclairage artificiel de ce monde magique, du rouge au bleu, d'un monde à l'autre, d'une temporalité à l'autre, celle de l'imaginaire de Louis II, celle de la fiction contre celle de l'Histoire, dans un va-et-vient incessant qui fait que l'Histoire, même si elle reprendra ses droits (la destitution et la mort), n'en renferme pas moins des virtualités que fait surgir le film et qui trouvent leur fondement dans les zones obscures de l'Histoire elle-même, ainsi qu'en témoignent les derniers mots de Louis II (« je suis et je veux rester une énigme, pour moi-même et pour les autres »).

1. C'est exactement la même chose en ce qui concerne les rapports avec Wagner (où l'on passe à la fois d'une scène à l'autre, mais aussi parfois dans la même image de l'ami au menteur, de l'artiste à l'histrion, à la manière où Nietzsche écrit, dans les fragments posthumes de 1874-1876 que, en ce qui concerne Wagner, tout peut être retourné dans la mesure où tout ce qui peut être lu en un sens peut aussi être lu en un sens absolument opposé). De plus, l'homosexualité apparaît comme le possible inscrit dans l'amour hétérosexuel platonique, Sophie comme une virtualité d'Élisabeth, la sexualité comme un possible de l'amour, etc.

TEXTE 2

NOËL BURCH
Revoir Hollywood, Introduction*

La cinéphilie, invention d'une certaine intelligentsia française à l'époque du muet, fut d'abord un encanaillement passionné. Pour une part, elle le restera. [...] Fermement assis avant même l'avènement du parlant, l'héritage cinéphilique avec son culte du cinéma étasunien sera spectaculairement réactivé au début des années cinquante par les jeunes critiques des *Cahiers du cinéma*, inventeurs de la fameuse « politique des auteurs ». La vision qu'avaient spontanément ces jeunes hommes, de par leur situation historique et leur position sociale, du septième art et plus spécialement des films de Hollywood, va durablement marquer la vie culturelle française et occidentale.

À la fin de la seconde guerre mondiale, toute une génération de jeunes intellectuels (re)découvre le cinéma des États-Unis (interdit en France pendant les quatre années d'occupation).

* *Revoir Hollywood. La nouvelle critique anglo-américaine* (1993), textes réunis, traduits et présentés par N. Burch, Paris, Nathan, 1994, rééd. Paris, L'Harmattan, 2007, p. 9-19.

Tout comme à Delluc et ses contemporains, il leur servira à flétrir les bien-pensants, les tenants de la culture cultivée [...].

À l'instar de Delluc ou d'Epstein, on évoque le roman courtois ou le livre d'heures[1], on admire le stéréotypage, on privilégie les genres les plus convenus : western, film de gangsters, comédie musicale – et pour les mêmes raisons : mettre au premier plan le style et la mise en scène, « puisque », dit un chroniqueur récent du phénomène, « le véritable auteur... [est] celui dont la cohérence stylistique dépasse les contraintes du sujet, de film en film. Et cet auteur est d'abord américain »[2].

Mais ce qui n'était qu'implicite dans le formaliste exalté et populiste de Delluc deviendra explicite dans la vision des « auteuristes ».

[...] Du point de vue de l'histoire des idées, Hess voit la source de la « pensée *Cahiers* » dans le personnalisme d'Emmanuel Mounier, sorte d'existentialisme catholique, mâtiné d'idées socialistes, transmis à ces jeunes par Roger Leenhardt et André Bazin (tous deux collaborateurs de la revue *Esprit*, fondée par Mounier) et par un jésuite cinéphile, l'abbé Amédée Ayfre. Face à ces maîtres, Hess voit même un léger glissement à droite dans les écrits de leurs cadets, pour qui le salut individuel remplace le salut collectif et social auquel aspirent Mounier et ses amis.

Mais ce relatif progressisme de Bazin mérite examen, car il ne tient pas face au cinéma de la lointaine Amérique : « Pour respecter les femmes, [il faut] la force positive d'un mythe. Celui qu'illustre le western institue et confirme la femme dans sa fonction de vestale des vertus sociales, dont ce monde

---

1. A. Bazin, « Le western ou le cinéma américain par excellence », *Qu'est-ce que le cinéma ?*, *op. cit.*, p. 219, 221.

2. V. Amiel, « Truffaut et le désir de l'Amérique », *CinémAction*, numéro spécial, « L'amour du cinéma américain », 1989.

chaotique a encore besoin. Elle recèle non seulement l'avenir physique mais, par l'ordre familial auquel elle aspire comme la racine à la terre, ses assises morales. [...] Ces paysages immenses de prairies, de déserts et de rochers où s'accroche, précaire, la ville des bois, amibe primitive d'une civilisation, sont ouverts à tous les possibles. L'indien qui l'habitait était incapable de lui imposer l'ordre de l'Homme. Il ne s'en était rendu maître qu'en s'identifiant à sa sauvagerie païenne. L'Homme chrétien blanc au contraire est vraiment le conquérant créateur d'un Nouveau monde » [1].

Ce texte de Bazin se donne comme décrivant « le mythe » du western (supposé enraciné dans les nécessités historiques). Mais ce regard impavide sur la misogynie et le racisme du mythe, qu'on refuse de relier aux U.S.A. du XXe siècle qui le produisent, signifie, à un niveau peut-être très enfoui de la conscience, un acquiescement, une idéalisation des États-Unis, passés et présents, qui fut celle de toute la France anti-communiste à l'époque du Plan Marshall. Et c'est sur ce même mode du déni implicite que s'est entretenu depuis au moins cinquante ans le mythe de l'innocence du cinéma américain.

Du point de vue de l'histoire de la critique de cinéma, enfin, Hess dégage les principaux traits d'une grille de lecture élaborée par les « auteuristes » au début des années cinquante et qui a pu, des décennies durant, empêcher toute réinscription de ces films américains dans la réalité sociale qui les avait produits. [...]

Culte de la mise en scène, mépris du scénario et du dialogue... Si Delluc tenait les intertitres pour un adjuvant de valeur douteuse, n'est-ce pas dans un semblable rôle que la

---

1. A. Bazin, « Le western ou le cinéma américain par excellence », *op. cit.*, p. 222-223.

nouvelle cinéphilie auteuriste cantonne implicitement ces paroles anglaises, d'une si commode inaccessibilité langagière ou en tout cas culturelle, si opportunément mises de côté (dans l'obligatoire v.o.s.t.) grâce à un symbolisme graphique « hors image » ? […] Cette adulation passionnée, si utile qu'elle ait pu être aux uns et aux autres, s'est faite dans le cadre d'un provincialisme bien parisien qui impliquait en l'occurrence la plus totale ignorance des réalités de la société américaine.

[…] Enfin, si la vision du cinéma étasunien propre à la tendance la plus influente de la première équipe des *Cahiers*, qu'on peut définir comme crypto-catholique de droite, pèse lourd à cette époque dans la constitution du mythe français de ce cinéma, ni le surréalisme libertaire de *Positif*, qui choisit certes pour une bonne part d'autres héros (Losey, Tashlin…), ni même l'anti-américanisme plus ou moins systématique de *L'Écran français*, ne seront à même de fournir un antidote durable, tant elle était encore loin, l'Amérique…

La même « excuse » vaut pour le formalisme structuraliste qui émergera triomphant vers la fin des années soixante-dix sur les décombres de l'Union de la Gauche et du maoïsme, qui enterrera encore plus profondément *la valeur d'échange sociale* des films hollywoodiens sous une analyse qui occulte le sens, qui ramène les chefs-d'œuvre à leur « textualité », les nanars à leur fonctionnement stéréotypé [1].

Toujours est-il que l'ignorance face au cinéma étasunien, et notamment à son *sous-texte* [2] social, demeure aujourd'hui en France aussi grande qu'il y a quarante ans […].

1. Voir R. Bellour (dir.), *Le Cinéma américain*, Paris, Flammarion, 1980, 2 vol.

2. Nous empruntons à l'usage anglo-américain ce terme qui nous paraît plus clair que d'autres parfois employés chez nous (« hypotexte », par exemple).

COMMENTAIRE

Ce texte présente un double intérêt. En premier lieu, il donne une généalogie à une certaine approche du cinéma, que Burch nomme « formaliste ». En second lieu, il dénonce cette approche à l'aune d'une autre conception, à savoir un discours social et politique sur le cinéma. Voilà qui fait apparaître que le discours sur le cinéma n'est pas un, mais multiple : il y a *des* discours sur le cinéma. Mais, du coup, étant donné que Burch dévalorise l'un au profit de l'autre, ne cessant désormais d'émettre des réserves vis-à-vis de ses livres antérieurs (*Praxis du cinéma* et *Pour un observateur lointain*), qui s'inscrivent dans l'approche condamnée, la question devient celle de la légitimité des différents discours sur le cinéma.

Noël Burch voit l'origine de la théorie formaliste chez Louis Delluc, qui ignore volontairement le contenu du film et porte toute son attention sur la forme et la structure : « Plus que dans l'harmonie intrinsèque des images (Delluc se méfie du côté "plasticien" du cinéma français), la beauté du cinéma d'outre-Atlantique réside dans l'*insignifiance absolue* du récit, simple support de la geste primitive. […] Pour lui, l'expérience filmique authentique […] ignore le sens produit par le film, elle saute les intertitres, mais elle se repaît de la *présence* des visages, des vêtements, des paysages, de la lumière, du mouvement. Même des films aussi complexes que les chefs d'œuvre que le suédois Victor Sjöstrom adapte, entre 1916 et 1922, des romans de sa grande compatriote Selma Lagerlöf, ne font l'objet chez Delluc – qui les adore, pourtant – de la moindre analyse de contenu » [1].

Cette théorie trouve ensuite son apothéose avec *Les Cahiers du cinéma* et sa « politique des auteurs ». Peu importe ce qui est montré, car ce qui compte, ce qui constitue la marque d'un grand cinéaste et permet de le distinguer d'un tâcheron, c'est l'inventivité des formes, c'est la manière de le montrer, la créativité dans le cadrage et le montage – en un mot : le style. C'est à partir d'une telle conception du cinéma que se construiront des discours sur le cinéma aussi différents et même opposés que ceux de Christian Metz (« le formalisme structuraliste ») et de Gilles Deleuze [2]. En effet, la sémiotique deleuzienne et la sémiologie metzienne, quelles que soient leurs différences, reposent toutes deux sur un même fondement qu'elles présupposent et qui consiste à examiner le cinéma d'une manière non seulement formelle mais intemporelle.

Au passage, il est intéressant que Burch indique, à la suite de John Hess, « rédacteur en chef de la revue d'extrême gauche américaine *Jump Cut* » [3], les présupposés idéologiques et politiques sur lesquels repose la conception du cinéma des *Cahiers*, qui se veut impartiale et objective, donc apolitique.

---

1. N. Burch, *Revoir Hollywood*, *op. cit.*, p. 6 (rééd. p. 11). L'auteur souligne qu'on trouve la même idée chez Epstein, par exemple dans la critique de *Soupçon tragique* (W.C. DeMille, 1917), où le cinéaste écrit : « Hayakawa, tragédien stupéfié, *balaie le scénario* » (p. 6, rééd. p. 11).

2. Voir sur Deleuze la Préface de *La Lucarne de l'infini*, *op. cit.*

3. N. Burch, *Revoir Hollywood*, *op. cit.*, p. 9 (rééd. p. 14-15). Voir J. Hess, « The "Politique des Auteurs" – World Vision as Aesthetics », *Jump Cut*, n° 1 (1973).

Du «point de vue de l'histoire des idées», la «pensée *Cahiers*» relève d'un spiritualisme chrétien, dû à l'influence d'Emmanuel Mounier et de l'abbé Amédée Ayfre. Du «point de vue de l'histoire sociale», elle trouve son origine dans «la grande amertume de l'intelligentsia petite bourgeoise après les espoirs déçus de la libération et la fin du consensus national liée au début de la guerre froide. Il s'agit, pour ces jeunes cinéphiles, de combattre le progressisme "contenuiste" issu de la résistance et qui trouve son expression dans le communisant *Écran français*»[1].

Cette conception donne la possibilité de faire l'apologie de *Naissance d'une nation* (D.W. Griffith, 1914) sans dire un mot du racisme d'un film qui relève d'un contenu inessentiel relativement aux innovations formelles. Elle permet de faire une apologie unilatérale de Rossellini et de ne voir dans les films qu'il a réalisés avant *Rome ville ouverte* (1945) que «les prémices du néoréalisme» (ainsi que le remarque Marcel Oms en 1958 dans la revue *Positif*[2]), en passant ainsi sous silence le contenu ouvertement fasciste des films auxquels il collabore et qu'il tourne à l'époque mussolinienne[3]. C'est encore elle qui permet à André Bazin d'écrire des textes aussi hallucinants que celui sur le western classique, auquel personne n'avait fait attention avant que Burch mette le doigt dessus[4].

---

1. N. Burch, *Revoir Hollywood*, *op. cit.*, p. 9 (rééd. p. 14-15).

2. M. Olms, «Rossellini : du fascisme à la démocratie chrétienne», *Positif*, n° 28 (avril 1958), rééd. dans *L'Amour du cinéma. 50 ans de la revue Positif*, Paris, Gallimard, 2002, p. 75.

3. Il n'y a pas un mot sur la «période fasciste» de Rossellini dans *Qu'est-ce que le cinéma ?* (*op. cit.*), auquel Bazin accorde pourtant une place majeure.

4. Ce qui n'empêche nullement Burch de reconnaître l'intérêt du discours bazinien, comme en témoigne le jugement nuancé qu'il porte sur cet auteur dans *De la beauté des latrines*, Paris, L'Harmattan, 2007, p. 84-87.

Les livres qu'écrit Burch après *Pour un observateur lointain* proposent une tout autre conception du cinéma. Cette nouvelle conception du cinéma est résumée par l'auteur dans l'Avant-propos de *Revoir Hollywood*, ouvrage dans lequel il a traduit des textes qui s'inscrivent dans ce qu'il nomme « la nouvelle critique américaine ». Cette critique refuse le postulat auteuriste qui conduit à gommer toute réinscription des œuvres dans leur contexte socio-politique[1]. Elle trouve son origine, écrit Burch, dans l'expansion des études cinématographiques dans l'université en Grande-Bretagne et aux États-Unis, ainsi que dans le développement du mouvement féministe[2].

Il faut toutefois distinguer ici deux tendances. La première, à laquelle se rattachent les travaux de Marc Ferro ou bien le livre de Fabrice Montebello sur *Le Cinéma en France*[3], ne relève pas proprement de l'esthétique cinématographique, mais de l'histoire et/ou de la sociologie du cinéma, parce qu'elle réinscrit la production et/ou la diffusion de l'œuvre dans son contexte, mais sans pour autant procéder à une analyse de l'œuvre elle-même. Autrement dit, il s'agit d'une approche externe du cinéma. Par opposition, la tendance de

1. Ce point était déjà souligné par B. Balazs dans *L'Esprit du cinéma*, *op. cit.*, p. 268 : « Un film ne peut jamais être, comme l'est n'importe quelle autre œuvre d'art, l'expression exclusive d'un individu. On peut écrire, composer, peindre seul. Quant au cinéma, il est l'œuvre collective du scénariste, du metteur en scène, de l'opérateur, du décorateur et des interprètes. Sans parler du producteur [...] ». C'est J. Aumont qui, dans *Moderne ? Comment le cinéma est devenu le plus singulier des arts* (Paris, Les cahiers du cinéma, 2007, p. 38), souligne à propos du réalisateur de *Citizen Kane* : « un *wonder boy* assez hableur pour tout revendiquer du film, y compris ce dans quoi il n'était pas pour grand-chose, le scénario, les éclairages, le montage (dûs respectivement à Herman Mankiewicz, Gregg Toland et Robert Wise) ».
2. N. Burch, *Revoir Hollywood*, *op. cit.*, p. 16 (rééd. p. 21-22).
3. F. Montebello, *Le Cinéma en France*, Paris, A. Colin, 2005.

Burch et de la nouvelle critique à laquelle il se rattache reste esthétique, dans la mesure où elle découvre «le *sous-texte* social»[1] à l'intérieur de l'œuvre elle-même, au moyen d'une analyse interne – raison pour laquelle on ne saurait parler de «sociologisme» (voir plus loin).

Certes, Burch ne nomme pas une telle approche une approche esthétique, pour autant que ce terme, selon lui, non seulement implique qu'on conçoive le film comme l'œuvre d'un *auteur* dont il s'agit d'examiner le style, mais présuppose une autonomie de l'œuvre d'art et relève donc d'une «utopie bourgeoise»[2]. Pour lui, cette approche est politique et sociale[3]. C'est parce que le cinéma est d'abord une production collective qui relève de l'industrie avant d'être un art, dont les politiques ont toujours compris l'impact – Lénine ne disait-il pas que «de tous les arts, le cinéma est le plus important»? –, qu'il est soumis à des pressions qui ne sont pas seulement économiques mais aussi idéologiques.

Cela posé, nous pouvons nommer cette approche esthétique, dans la mesure où elle n'opère à partir de rien d'autre qu'une analyse de l'œuvre, n'évacuant nullement les considérations formelles, mais refusant simplement de les isoler au détriment du contenu et plus particulièrement des implications politiques que celui-ci véhicule implicitement. Il s'agit, pourrait-on dire, d'une esthétique cinématographique étendue ou élargie, pour autant qu'une esthétique simplement formaliste au sens donné plus haut reste insuffisante et tronquée,

1. N. Burch, *Revoir Hollywood*, *op. cit.*, p. 16 (rééd. p. 19).

2. N. Burch, *De la beauté des latrines*, *op. cit.*, p. 33.

3. «Pour moi aussi désormais […], écrire sur le cinéma c'est écrire sur une activité sociale culturellement spécifique mais indissociable de l'histoire des hommes et des femmes», *Revoir Hollywood*, *op. cit.*, p. 17. Voir aussi *De la beauté des latrines*, *op. cit.*, p. 53.

négligeant toute une partie de son objet. Que Burch reste dans le champ de l'esthétique et ne renie nullement une origine (*Praxis du cinéma* et *Pour un observateur lointain*) qu'il ne fait que compléter, de sorte qu'il s'agit moins, du point de vue méthodologique, d'un saut qualitatif que d'un changement quantitatif (on reste toujours dans l'analyse de l'œuvre), c'est ce qui est par exemple attesté, dans le livre sur le communisme à Hollywood, par sa contestation du jugement négatif porté par J.P. Coursodon et B. Tavernier, dans *50 ans de cinéma américain*, sur Irvin Pichel : « j'estime qu'il est toujours possible de reconnaître le *style* de mise en scène et de mise en image très particulier de ce véritable auteur au bout de quelques minutes seulement de projection » [1]. Plus largement, que ce nouveau type d'approche du cinéma ne fasse pas abstraction de la forme dans laquelle s'exprime le contenu et qui seul le rend visible et lisible, c'est ce dont témoignent les analyses les plus convaincantes et les plus fortes traduites dans *Revoir Hollywood*, par exemple celle de Charles W. Eckert à propos de *Femmes marquées* [2] (L. Bacon, 1937) ou bien celle de Linda Williams concernant *Stella Dallas* [3] (K. Vidor, 1937), sur lesquelles nous reviendrons.

On comprend que, dans une telle perspective, il n'y a pas un cinéma politique à côté d'un cinéma qui ne serait pas politique. Si l'on se place d'un certain point de vue qui est précisément un point de vue politique, alors il apparaît que tout cinéma est politique. On comprend mieux désormais le sens

1. T. Andersen, N. Burch, *Les Communistes de Hollywood. Autre chose que des martyrs*, Paris, Presses de la Sorbonne Nouvelle, 1994, p. 121.

2. Voir N. Burch, *Revoir Hollywood*, *op. cit.*, p. 29 (rééd. p. 38) (à propos du procès), p. 29-30 (rééd. p. 39-40) (où est la caméra lorsque Vanning règle ses comptes avec Mary ?), p. 45 (rééd. p. 59) (sur la fin du film).

3. Voir N. Burch, *Revoir Hollywood*, *op. cit.*, p. 48 (rééd. p. 63) (sur la fin).

de « l'effet cinéma » dont parle Baudry[1], c'est-à-dire ce que signifie, d'une manière très concrète, l'idée très abstraite selon laquelle il y a une production idéologique inhérente au dispositif cinématographique, mais masquée par ce dispositif même. Étant donné que le cinéma est d'abord une industrie, l'industrie des pays capitalistes, « qui tend par nature à trouver le maximum de débouchés », comme l'écrit Balazs, si « elle doit […] aller au-devant de l'idéologie des masses les plus larges », ne peut « toutefois renoncer à la sienne »[2]. En ce sens, elle ne peut que chercher à asseoir et justifier l'organisation sociale qu'elle produit.

La production idéologique inhérente au cinéma, « l'enfant chéri du capitalisme », comme dit Balazs[3], a été mise en évidence par ce théoricien lorsqu'il souligne dans *L'Esprit du cinéma* que le code de la censure ou code Hays est une légitimation du pouvoir politique (au sens large) par lui-même, c'est-à-dire la justification par elle-même de l'« idéologie petite-bourgeoise »[4].

On peut toujours dire que, dans le cinéma américain des années 70, le « nouvel Hollywood », qui surgit après l'effondrement du système des studios et la disparition de la censure, on donne une image à la marginalité, aux chômeurs, aux exclus, aux noirs, aux drogués, aux travestis, aux homosexuels, etc. Mais on peut aussi rétorquer que cette image relève toujours de

1. J.L. Baudry, « Effets idéologiques de l'appareil de base », *Cinéthique*, n° 7-8 (1970); « Le dispositif : approches métapsychologiques de l'impression de réalité », *Communications*, n° 23 (1975); *L'Effet cinéma*, Paris, Albatros, 1978.

2. B. Balazs, *L'Esprit du cinéma, op. cit.*, p. 271.

3. Formule citée par J.M. Palmier, « Bela Balazs, théoricien marxiste du cinéma », Introduction à B. Balazs, *L'Esprit du cinéma, op. cit.*, p. 22.

4. B. Balazs, *L'Esprit du cinéma, op. cit.*, p. 273.

la même production idéologique. Si le cinéma du «nouvel Hollywood» est un cinéma contestataire, cette contestation est bien limitée. Régis Dubois remarque dans *Une histoire politique du cinéma* que, «pour des raisons politiques mais plus encore commerciales, il a toujours été difficile pour les cinéastes de réaliser des œuvres subversives à l'intérieur du système hollywoodien», concluant que ce sont «les films à petits budgets qui ont le mieux relayé les revendications et contestations des turbulentes années 60»[1].

En ce sens, le «nouvel Hollywood» n'en reste pas moins un cinéma qui s'inscrit dans l'institution et dont la visée pour ainsi dire réformiste et non révolutionnaire se manifeste dans le fait que son ouverture est toute limitée. Il donne certes une image au noir, mais le noir intégré c'est le noir intégré à la société blanche c'est-à-dire intégré du point de vue du blanc. De même, il donne une image à l'homosexuel, mais c'est un homosexuel représenté du point de vue hétérosexuel, observé ou bien d'une manière compatissante comme une folle sympathique, ou bien à la manière dont un entomologiste observe des mœurs curieuses. C'est pourquoi une image plus vraie du noir est peut-être à chercher, non seulement dans le cinéma *underground* new-yorkais qui surgit dans les années soixante (Shirley Clarke, John Cassavetes), mais aussi dans la *blaxploitation* des années soixante-dix. De même, l'avènement d'une image non caricaturale de l'homosexualité est sans doute à chercher dans ce même cinéma *underground* (Clarke, Andy Warhol), puis dans le cinéma *gay* qui émerge dans les années soixante-dix.

---

1. R. Dubois, *Une histoire politique du cinéma*, Arles, Sulliver, 2007, p. 127.

Si donc tout cinéma est politique dès qu'on se situe du point de vue politique, qu'est-ce qu'un point de vue politique sur le cinéma ? Refusant de considérer le cinéma *sub speciae aeternitatis*, Burch part du principe que « les films du passé sont d'abord un lieu d'échanges sociaux complexes entre les classes et les sexes, entre ceux qui possèdent du pouvoir et ceux qui n'en ont pas, entre hommes d'affaires de différentes origines, intellectuels de diverses tendances, et consommateurs historiquement et socialement définissables » [1]. D'un côté, le cinéma ne s'adresse pas à un spectateur abstrait, à « un public intemporel, sans classe, sans sexe, sans visage » [2]. Voilà quelque chose qui est d'autant moins évident pour nous, spectateurs français, qu'il n'existe pas en France de films réalisés pour un public déterminé, ce qui est en revanche le cas du cinéma américain [3]. Par exemple, ce qu'on appelle en français improprement et péjorativement le « mélo » ou « mélodrame » dans le cinéma américain relève de ce qu'on nomme en anglais le *woman's film*, car il s'adresse « aux femmes en tant que sexe » [4]. De l'autre côté, le discours sur le cinéma ne provient pas d'une pure raison désincarnée. De là l'importance, liée aux

---

1. N. Burch, *Revoir Hollywood, op. cit.*, p. 16 (rééd. p. 23). Dans *De la beauté des latrines*, Burch cite les lignes qui, dans la critique de *Revoir Hollywood* du numéro de février 1997 des *Cahiers du cinéma*, suivent la citation de ce passage : « On ne se doutait pas qu'aujourd'hui encore un théoricien pût défendre avec la fièvre extrémiste et intolérante du nouveau converti un sociologisme aussi simpliste », *op. cit.*, p. 65.

2. *Ibid.*, p. 15 (rééd. p. 21).

3. N. Burch et G. Sellier, *La Drôle de guerre des sexes du cinéma français (1930-1956)*, Paris, A. Colin, nouvelle éd. 2005, p. 11, 307 (« La non différenciation sexuelle des publics reste une constante de la consommation du cinéma en France »).

4. L. Williams, « Autre chose qu'une mère », *Revoir Hollywood, op. cit.*, p. 49 (rééd. p. 65).

gender studies [1], du point de vue féministe qui a bouleversé le
discours sur le cinéma au moyen d'une analyse attentive de la
manière dont sont traités les rapports entre les hommes et les
femmes dans le film américain classique, pour autant que la
différence sexuelle est aussi et surtout une différence sociale,
mais aussi de celui « de quelques homosexuels *parlant de leur
place* » [2]. Conséquence : « on écrit depuis quelques années
autrement sur ces films si longtemps objets d'un bavardage
masculin et hétérosexuel qui occultait souvent l'essentiel » [3].

Burch souligne évidemment que, comme tout discours, le
discours féministe devient caduc lorsqu'il tourne à la parodie,
c'est-à-dire lorsqu'il devient une mode universitaire et donne
naissance à un « nouvel académisme » [4]. De plus, trouver un
intérêt au discours féministe n'implique pas qu'on récupère la
totalité des instruments méthodologiques et idéologiques avec
lesquels ce discours opère et par lesquels il devient une nouvelle forme de dogmatisme. Burch refuse « l'idée que l'analyse des représentations des relations de sexe n'intéresserait
que les femmes dotées d'une conscience de sexe » [5] – comme
si le discours sur la spécificité de la femme était par nature
impossible à l'homme, ou bien comme s'il était constitutivement impossible à l'hétérosexuel de saisir autrement qu'à
partir de sa propre place déformante le statut de l'homosexuel.
On voit qu'il y a deux dangers tout aussi grands : croire qu'on

1. Voir T. Andersen, N. Burch, *Les Communistes de Hollywood. Autre
chose que des martyrs*, *op. cit.*, p. 137 ; N. Burch, *De la beauté des latrines*,
op. cit., p. 53, 244.

2. N. Burch, *Revoir Hollywood*, *op. cit.*, p. 17 (rééd. p. 24).

3. *Ibid.*

4. *Ibid.*, p. 19 (rééd. p. 25).

5. N. Burch et G. Sellier, *La Drôle de guerre des sexes du cinéma français
(1930-1956)*, *op. cit.*, p. 11.

se situe d'emblée dans une rationalité universelle, désincarnée, ou bien croire à l'incommensurabilité des discours. S'il y a des discours multiples, leur communication et leur compréhensibilité fondent la possibilité d'une rationalité qui certes est toujours à venir. Burch condamne la séparation opérée par le discours féministe entre la problématique des sexes et la question sociale, soulignant la causalité réciproque des deux plans l'un sur l'autre[1]. Conséquemment, il considère comme secondaire la construction « théorique » d'un spectateur féminin permettant de relire les films « à rebrousse-poil » (*against the grain*), en faisant fi de l'inscription historique et sociale des films[2].

On peut certes objecter qu'une telle position qui, comme le reconnaît Burch, nie « l'autonomie de l'art » et contrevient à la « pureté "scientifique" des études cinématographiques »[3], n'est qu'une pétition de principe. La question du rapport entre art et société est d'ailleurs qualifiée de « débat idéologique fondamental » à propos duquel l'auteur écrit : « pour ma part, j'ai tranché depuis longtemps »[4]. S'il est certain que le seul fait de qualifier le débat d'« idéologique » est déjà répondre à la question en la posant d'une certaine manière, Burch souligne bien que le débat se tranche et ne se résout pas. Bref, la position qu'on adopte, tel le vote selon Rousseau, relève moins de la raison que de la volonté.

Il nous semble, pour notre part, que tant qu'on parle d'art en général et même de cinéma en général, on peut tout à fait soutenir l'autonomie de l'art. C'est encore le cas lorsqu'on

---

1. N. Burch et G. Sellier, *La Drôle de guerre des sexes du cinéma français (1930-1956)*, *op. cit.*, p. 11.

2. *Ibid.*

3. N. Burch, *Revoir Hollywood*, *op. cit.*, p. 18 (rééd. p. 25).

4. *Ibid.*

parle par exemple d'œuvres musicales particulières, dans la mesure où la musique, non seulement a *un* auteur, mais n'est pas un art représentatif : le contenu n'est rien d'autre que la forme musicale elle-même (timbres, rythmes, hauteurs), comme l'écrivait Hanslick. Mais ce n'est plus le cas dès qu'on parle d'œuvres cinématographiques particulières. En premier lieu, « le cinéma, par la logique matérielle et économique de sa production, est filtré à travers tout un ensemble fait d'organismes sociaux et d'individus, exerçant sur chaque film, potentiellement ou effectivement, un pouvoir certes plus diversifié mais infiniment plus lourd que celui qu'exerce par exemple, une maison d'édition sur le travail d'un écrivain » [1]. En second lieu, le film est, sinon toujours narratif, du moins représentatif : or le « cinéma qui montre ne serait-ce que des fragments reconnaissables du monde ne saurait échapper à la production de sens extra-esthétiques » [2]. Voilà pourquoi un film est immanquablement en rapport avec la société, qu'il en reflète les valeurs sans même en avoir conscience ou qu'il cherche à les porter jusqu'à la prise de conscience, à les rendre explicites voire à les contester, ou bien encore qu'il collabore avec d'autres films, à une époque donnée, à construire une nouvelle perception de la société et des rapports interindividuels [3]. C'est en ce sens qu'il est « le lieu privilégié de l'ima-

---

1. N. Burch, *De la beauté des latrines, op. cit.*, p. 72.

2. *Ibid.*, p. 57.

3. C'est ce dernier membre de l'alternative que retiennent N. Burch et G. Sellier lorsqu'ils arrivent à la conclusion de leur étude sur les rapports entre hommes et femmes dans le cinéma français : « le cinéma semble plutôt participer à la construction d'un imaginaire collectif, mais d'une manière qui confirme l'articulation étroite entre sphère privée et sphère publique. Sinon, comment pourrait-on comprendre la nouvelle donne des représentations

ginaire social »[1] et de l'idéologie au sens d'un « ensemble de représentations par lequel un groupe humain donné tente de comprendre le monde »[2].

De même que la marche ne se prouve qu'en marchant, la position toute abstraite et théorique de Burch ne peut trouver de légitimité que dans les analyses concrètes de films particuliers, dans lesquelles il apparaît effectivement que cinéma et société sont indissolublement liés.

Charles W. Eckert, dans l'article « Anatomie d'un film "prolétaire" : *Femmes marquées* », traduit par Burch dans *Revoir Hollywood*, souligne qu'on passe, dans le cinéma américain des années trente, d'une certaine image du gangster à une autre. Les histoires du cinéma ont montré que la représentation de la société varie selon les studios. Et il est vrai que, parmi les quatre grands studios américains, il n'y a que United Artists (dont Chaplin est l'un des dirigeants) et Warner Bros qui manifestent un intérêt véritable pour la description de la réalité sociale. On pense d'un côté aux films de Charlot et, de l'autre, aux films réalistes et « prolétaires » dont *Femmes marquées* ou *L'Ennemi public* (W. Wellman, 1931) sont des exemples exemplaires. Certes, un film comme *L'Ennemi public* est ambigu. D'un côté, il insiste sur l'origine sociale du gangster, comme pour le dédouaner et exhiber les causes de son comportement (la crise, la misère). Mais, de l'autre, son agonie finale sur les marches de l'église, avec son ami qui pleure pendant qu'on entend *Melancholy Baby*, témoigne d'une « sorte du "*lumpen pietà*" [qui] annule toute critique

filmiques après la Défaite ? », N. Burch et G. Sellier, *La Drôle de guerre des sexes du cinéma français (1930-1956)*, *op. cit.*, p. 307.

1. N. Burch et G. Sellier, *La Drôle de guerre des sexes du cinéma français (1930-1956)*, *op. cit.*, p. 10.

2. N. Burch, *De la beauté des latrines*, *op. cit.*, p. 72.

sociale qu'a pu formuler le film auparavant »[1]. Burch insiste, à la suite d'Eckert, sur le changement de l'image du gangster par la suite. L'audace et l'insolence dont témoignait en général le cinéma américain d'alors, relativement aux questions sociales, morales et sexuelles, sans doute pour attirer le public, suscitent « la pression des églises »[2], dont il ne faut pas oublier qu'elle n'est nullement arbitraire mais liée « à l'approbation des ses ouailles, souvent débarquées des campagnes irlandaises, polonaises ou italiennes et choquées par les audaces californiennes »[3]. Voilà qui conduira à « l'application stricte »[4] du code Hays à partir de 1934. On comprend que, du coup, les représentations cinématographiques deviennent en général plus « politiquement correctes ». En ce qui concerne le sujet qui nous intéresse, Burch souligne, à la suite d'Eckert, comment l'image du gangster change, parce qu'on y mêle désormais « les traits du prolétaire métèque à ceux du capitaliste aisé, et ce selon une recette savante qui interdit de reconnaître en lui les traits de l'un ou l'autre »[5]. Cette image contradictoire n'a qu'un but : rendre le gangster « irréductible à tout modèle social lisible »[6], « effacer en lui les dernières traces de déterminations socio-économiques »[7].

C'est dans *Femmes marquées*, film de la même époque que *L'Ennemi public*, qu'apparaissent beaucoup plus clairement les deux aspects du film social de la Warner Bros. Dans ce film

1. C.W. Eckert, « Anatomie d'un film "prolétaire" », *Revoir Hollywood*, *op. cit.*, p. 40 (rééd. p. 52).

2. N. Burch, *De la beauté des latrines*, *op. cit.*, p. 175.

3. *Ibid.*, p. 231.

4. *Ibid.*, p. 175.

5. *Ibid.*, p. 102.

6. *Ibid.*

7. *Ibid.*

inspiré du procès de Lucky Luciano, il y a constamment deux ordres, en somme deux films qui s'interpénètrent. D'un côté, il y a un mélo avec une histoire d'individus et leurs conflits : Vanning tente de convaincre Mary de témoigner contre le gangster proxénète, ce qui suscite un dilemme moral chez Mary (elle hésite entre aller travailler en usine pour gagner peu ou continuer à se prostituer pour gagner beaucoup), etc. Mais, de l'autre côté, un second film amorce une inscription politique et fait apparaître les problèmes éthiques pour ce qu'ils sont : des problèmes économiques et sociaux, comme dans « les séquences qui traitent des véritables conditions d'existence »[1] des prostituées. Cela posé, « les véritables forces d'exploitation – le système capitaliste, le sexisme, les idéologies pernicieuses – sont confusément immanentes dans certains comportements de Mary, mais s'éloignent comme des fantômes aussitôt entrevues »[2]. Car le film oscille entre les deux ordres et passe sans cesse de l'un à l'autre : la description sociale, aussitôt aperçue, tourne court, de sorte qu'on ravale les conflits sociaux au rang de problèmes éthiques et qu'on assimile les problèmes politiques à des questions de choix individuels. Plus largement, on trouve ici, comme le remarque Burch, « une tendance permanente de l'idéologie hégémonique aux U.S.A., l'occultation du social par le privé, l'attribution de maux collectifs aux causes individuelles »[3] – en un mot : un cinéma qui repose de fait sur les présupposés du libéralisme.

1. C. W. Eckert, « Anatomie d'un film "prolétaire" », *op. cit.*, p. 32 (rééd. p. 43).

2. *Ibid.* (rééd. p. 43-44).

3. T. Andersen, N. Burch, *Les Communistes de Hollywood. Autre chose que des martyrs, op. cit.*, p. 105.

Néanmoins, *Femmes marquées* possède deux caractéristiques absolument singulières qui font que la dimension
politique et sociale ne s'y résout pas dans l'idéologie libérale.
Dans le « film prolétaire » dont Warner s'était fait une spécia-
lité, la description sociale initiale, qui ne sert qu'à ancrer le
récit pour lui donner un aspect réaliste, « est limitée au premier
tiers ou à la première moitié du film »[1]. Non seulement ce n'est
pas le cas ici, mais la fin, où l'on voit Mary dire adieu à Vanning
pour partir avec les autres prostituées dans le brouillard,
contrevient au traditionnel *happy end* hollywoodien « où se
(re)constitue le couple hétérosexuel, fondement du mariage
et de la famille nucléaire »[2]. Voilà un « refus essentiel », qu'on
doit à une lutte véritable des scénaristes contre les producteurs
et « qui préserve à la fois la solidarité du groupe des femmes et
leur conscience de classe »[3]. Nous comprenons mieux en quoi
Femmes marquées n'est pas un film où la dimension sociale ne
serait qu'un décor, ce qu'il serait devenu si la poursuite du film
et surtout sa fin avaient « "effacé" le travail essentiel du film, à
savoir la description des conditions d'exploitation de ces
prostituées »[4].

C'est à nouveau une double lecture semblable qu'on
trouve dans les *woman's films* du type des trois films de Vidor[5]
et particulièrement dans *Stella Dallas*, exemple d'une espèce
au sein d'un genre très complexe et diversifié appelée le « mélo

---

1. C.W. Eckert, « Anatomie d'un film "prolétaire" », *op. cit.*, p. 33 (rééd.
p. 45).

2. T. Andersen, N. Burch, *Les Communistes de Hollywood. Autre chose
que des martyrs, op. cit.*, p. 111.

3. *Ibid.*

4. *Ibid.*

5. N. Burch, *De la beauté des latrines, op. cit.*, p. 223-237.

maternel »[1], sur lequel Burch reprend dans *De la beauté des latrines* la remarquable étude de Linda Williams (« Autre chose qu'une mère »), également traduite par lui dans *Revoir Hollywood*. La question est celui du statut de la femme et plus précisément celle-ci : le cinéma américain donne-t-il une image libératrice de la femme, donc celle d'une femme au sens véritable du mot, ou bien en donne-t-il une image qui collabore à un processus de domination et d'oppression, puisque le *woman's film*, s'il s'adresse aux femmes, est fabriqué par l'homme ?

Stella Dallas présente une mère qui n'arrivera jamais à échapper à son milieu social et se sacrifie pour que sa fille puisse accéder à ce qu'elle a toujours désiré : « le paradis des riches »[2]. Davantage, tout le film est fait pour nous montrer que « c'est sa "race" de pauvresse », c'est-à-dire sa vulgarité liée au fait qu'elle n'est pas bien née, « qui interdit à Stella de réaliser son rêve : entrer dans le beau monde »[3]. Selon Williams, le film est construit d'une telle manière qu'il force l'identification, tantôt avec Stella, tantôt avec sa fille qui finit par avoir honte de sa mère, tantôt avec la nouvelle et classieuse femme de son ex-mari, laquelle tire le rideau pour que, à la fin et avant de « marcher triomphalement vers la caméra »[4], Stella assiste par la fenêtre au mariage de sa fille dont sa « nature plébéienne »[5] l'a exclue, à la manière dont elle regardait les photos du grand monde dans les magazines. Face aux hommes qui sont représentés négativement (le mari est antipathique,

1. L. Williams, « Autre chose qu'une mère », *Revoir Hollywood, op. cit.*, p. 48 (rééd. p. 63).

2. N. Burch, *De la beauté des latrines, op. cit.*, p. 226.

3. *Ibid.*, p. 227.

4. L. Williams, « Autre chose qu'une mère », *op. cit.*, p. 48 (rééd. p. 63).

5. N. Burch, *De la beauté des latrines, op. cit.*, p. 226.

l'ami est fat), on dirait qu'il y a une grande connivence et
compréhension entre ces femmes, voire même une identité,
comme si chacune était un aspect différent de la même et
unique femme, ce dont témoigne leur compréhension immé-
diate qui ne passe pas par le langage. Voilà pourquoi Williams
voit dans ce film une critique de la conception de la femme
du point de vue de l'homme, et souligne qu'il tente d'établir
« un espace réel de représentation » dans lequel « les femmes
peuvent s'inscrire en tant que femmes et résister » [1]. Cette
conception, en vérité, demeure somme toute négative. Non
seulement Williams souligne que, vu le prix qu'a payé la mère
pour que sa fille entre dans l'image, à savoir qu'elle-même en
sorte, on peut penser que le bonheur de la fille ne va pas durer,
mais la spectatrice de *Stella Dallas* « sait que les femmes ne
sauraient trouver de représentation authentique sous les
structures patriarcales de la vision voyeuriste et fétichiste » [2].
C'est d'ailleurs pour cette raison qu'on peut lire le film diffé-
remment et, à l'encontre de la lecture de Williams (« peut-être
fallait-il être idéologiquement naïf pour faire une lecture toute
simple et humaine » [3]), le comprendre, comme le fait Burch,
moins comme une « mise à jour de l'aliénation des pères » que
comme « collaborant à leur oppression » [4].

La question essentielle, c'est de savoir si l'on peut parler
de « cinéma politique » indépendamment d'une position
politique, c'est-à-dire d'un discours qui se place du point de
vue politique. Comment, en effet, parler d'un « cinéma politique » et en développer la teneur dès qu'on prétend parler à

---

1. L. Williams, « Autre chose qu'une mère », *op. cit.*, p. 54 (rééd. p. 69).
2. *Ibid.*, p. 72 (rééd. p. 90).
3. N. Burch, *De la beauté des latrines*, *op. cit.*, p. 229.
4. *Ibid.*

partir d'un discours esthétique et donc, à ce titre, apolitique? Suffit-il qu'un film prenne pour objet les pauvres, l'exploitation, l'oppression, pour qu'on puisse parler de « cinéma politique »? Mais comment traite-t-il l'exploitation et l'oppression, qu'en dit-il? Comment finit-il c'est-à-dire comment résout-il la question qu'il a posée, le problème qu'il a traité? C'était déjà la question de Balazs (voir sa critique de la perspective politique dans *La Rue sans joie* (G.W. Pabst, 1925), avec son *deus ex machina* final) et c'est aussi, plus près de nous, celle d'Eckert (voir *L'Ennemi public*). Tous les deux remarquent qu'il y a un certain cinéma qui ne traite pas véritablement les problèmes qu'il pose. Davantage, le propre du cinéma qui s'inscrit dans le système et qui donc s'exprime à partir de ce système, c'est de ne pas faire ce qu'il dit et de ne pas dire ce qu'il fait, pour autant qu'il n'assume pas les questions que pourtant il pose.

Mais s'agit-il encore, dans ce type d'analyse, d'un discours proprement esthétique, ou bien d'un discours politique?

Nous croyons pour notre part à une complémentarité des deux sphères et à une relative autonomie de l'œuvre cinématographique. En d'autres termes, s'il est vrai que l'analyse politique et sociale au sens où la définit Burch nous paraît absolument nécessaire, nous ne croyons pas pour autant qu'elle est suffisante et qu'il n'y a pas, en outre, non seulement des conflits éthiques irréductibles à des conflits politiques, mais aussi une certaine structure de l'image (cadrage et montage) que l'analyse a à charge de mettre à jour (ce que d'ailleurs, on l'a vu, Burch ne nie nullement). Une telle analyse ne nous semble nullement formelle, parce que, à la différence de l'esthétique musicale formaliste à laquelle nous souscrivons tout à fait, ainsi que nous l'avons développé ailleurs, nous croyons, du fait que le cinéma est un art représentatif, que par définition l'image engendre ou produit un monde et des individus. Il est vrai que, du point de vue marxiste, une telle conception demeure bourgeoise puisqu'elle pose que ce monde n'est pas totalement c'est-à-dire de part en part un monde politique c'est-à-dire réductible à du politique et à du social.

Burch reconnaît l'incontestable intérêt de Bazin pour la dimension sociale. Mais il reproche à celui-ci de « la dissocier de la qualité artistique »[1]. L'objection, toutefois, n'a de sens que pour celui qui affirme qu'il n'y a que des problèmes politiques et sociaux ou bien que tout s'y ramène (ce qui est la même chose). Telle est la thèse très excessive de Burch, à un tel point qu'il affirme, très conséquemment, que, « contre une vision de l'opéra trop répandue » selon laquelle « le livret ne serait qu'un prétexte », c'est « l'abjection de Kundry et le masculinisme insupportable »[2] qui rend l'ultime *opus* de Richard Wagner, *Parsifal* « insupportable »[3] et donc inécoutable ! Nous maintenons toutefois, sans comprendre en quoi un tel jugement serait bourgeois, que, dans l'opéra, le livret n'est qu'un prétexte, sans quoi on pourrait représenter *Parsifal* comme une pièce de théâtre. Comme le remarque Pierre Boulez, l'alibi dramatique, chez Wagner, est précisément ce qui lui permet, non seulement de transgresser les possibilités ouvertes par le système tonal, mais précisément de construire une structure musicale absolument inédite et qui trouve en elle sa propre loi d'organisation.

Mais on n'en oubliera pas pour autant l'immense intérêt et la grande fécondité de la vision à laquelle Burch se rallie, et dont témoignent, outre les articles écrits en anglais qu'il a

1. N. Burch, *De la beauté des latrines, op. cit.*, p. 84.
2. *Ibid.*, p. 93.
3. *Ibid.*

traduits ou auxquels il renvoie, son histoire du cinéma français écrite en collaboration avec Geneviève Sellier, *La Drôle de guerre dans le cinéma français (1930-1956)*, la seule histoire du cinéma français qui soit conceptuelle, esthétique et politique en même temps. Cette vision du cinéma a pour intérêt qu'elle pose, peut-être pour la première fois, la question de l'*adresse* du discours cinéphilique, ce qui n'est rien d'autre qu'un problème politique. Car ce n'est pas tant la légitimité en elle-même et pour elle-même de l'esthétique formaliste qu'elle critique que le gouffre qui se creuse entre cette esthétique écrite par des initiés pour des initiés (essentiellement des étudiants et des universitaires) et la cinéphilie populaire : Burch donne l'exemple, raconté par Fabrice Montebello, de l'ouvrier de Longwy qui consigne tous les films qu'il a vus et qui, en somme, collectionne les films comme d'autres les papillons. C'est pourquoi il milite « en faveur d'une cinéphilie critique mieux en prise avec la manière dont circule le sens des films dans les sociétés qui les produisent et les regardent » [1], mettant en lumière « la substance narrative des films » [2], le contenu et le sous-texte qu'ils véhiculent, source de l'intérêt et du plaisir effectifs du public.

1. N. Burch, *De la beauté des latrines, op. cit.*, p. 81.
2. *Ibid.*

TABLE DES MATIÈRES

ACHEVÉ D'IMPRIMER
EN AVRIL 2009
PAR L'IMPRIMERIE
DE LA MANUTENTION
A MAYENNE
FRANCE
N° 82-09

Dépôt légal : 2ᵉ trimestre 2009

DANS LA MÊME COLLECTION